Margrit Bühler · Geliebte Schokolade

AT
VITRINE

Margrit Bühler

Geliebte Schokolade

AT Verlag Aarau · Stuttgart

AT Verlag Aarau/Schweiz
Umschlag: Dora Hirter, Kölliken
Umschlagsujet:
Lindt & Sprüngli AG, Kilchberg
Gesamtherstellung:
Grafische Betriebe
Aargauer Tagblatt AG, Aarau
Printed in Switzerland

ISBN 3-85502-309-3

Inhalt

Vorwort

Schokolade – ein beinahe magisches Wort, das Tränen bei kleinen Kindern zum Versiegen und Erwachsene zum Schwärmen bringen kann.

Allerdings unterscheidet sich das, was wir heute als Schokolade bezeichnen, sehr von der Schokolade oder vom «xocolatl» der Azteken: «Sie streuen ein wenig Pfeffer darunter und brauchen's hernach als das beste Getränk, welches mich vielmehr eine Sautränke als eines Menschen Getränk dünkt zu sein», schrieb der Mailänder Benzoni im 16. Jahrhundert. In der Tat wurde Schokolade, noch lange Zeit nach ihrer «Entdeckung», am spanischen Hof nur als Getränk genossen. Schokolade war eine Paste aus Kakaopulver, Gewürzen und – nach der Einführung des Zuckerrohrs in die «neue Welt» – Zucker, das mit Wasser oder sogar mit Fleischextrakt und später mit Milch angerührt wurde. Erst die technische Entwicklung im frühen 19. Jahrhundert machte die Herstellung der festen, auf der Zunge schmelzenden Schokolade und eines entfetteten bekömmlicheren Kakaos möglich.

In dieser Form erfolgte dann auch mit einer immer vielfältigeren Produktepalette der Siegeszug der Schokolade um die Welt.

Das ehemalige Genussmittel der Oberschicht hat sich zu einem Nahrungsmittel gewandelt. Wie kommt es, dass ausgerechnet die Schokolade eine derartige Stellung erlangte? Es ist anzunehmen, dass genau die Wirkung, die im menschlichen Organismus durch den Genuss von Schokolade erfolgt, der geistigen, kulturellen und nicht zuletzt auch der politischen Wirklichkeit entspricht, in der wir leben. So betrachtet erscheint es ganz natürlich, dass sich die höfischen Kreise im 18. Jahrhundert auf die Schokolade fixierten, während das Bürgertum die Wachheit brauchte, die ihm der Kaffee verschaffte...

Die traditionelle morgendliche Tasse Schokoladegetränk oder die zart schmelzenden Pralinen in einer geruhsamen Stunde sind für viele Menschen unentbehrlich geworden. Sie bilden sozusagen eine Brücke, die den Einstieg ins allgemeine Leben in dem Mass erleichtert wie der Genuss Spass bereitet. Wie die süssen «Versuchungen» aus dem allerdings sehr bitteren Grundstoff Kakao entstehen, erfahren Sie in diesem Buch.

Margrit Bühler

Sagenumwobene «Speise der Götter»

Mit Göttern, Geistern und Zauberern hat die Geschichte des Kakaos bestimmt zu tun: So überliefern es jedenfalls die verschiedenen Märchen aus der indianischen Mythologie, die zu erklären versuchen, wie der Mensch zu dieser «göttlichen» Speise kam.

Es sind sehr schöne Geschichten, die einerseits von der starken Naturverbundenheit der Indios erzählen und andererseits ihren tiefen Glauben an Götter und Zauberer zum Ausdruck bringen. Die zahlreichen verschiedenen Versionen zeigen jedoch auch, wie wichtig die Kakaofrucht für die Indios war.

Es ist unmöglich, genau zu datieren, wann die «Speise der Götter» in Südamerika als Nahrungsmittel entdeckt wurde. In seiner Encyclopédie aus dem 17. Jahrhundert hält der Philosoph Denis Diderot fest: «Die Indios, welche dieses Getränk seit Menschengedenken verwendeten, bereiteten es auf sehr einfache Weise zu.» So sehr wir uns auch bemühen, hinter die Geheimnisse der «Speise der Götter» zu kommen, die verschiedensten Theorien, welche Rolle der Kakao bei den frühen Völkern Süd- und Mittelamerikas spielte, wurden oft schon nach kurzer Zeit widerlegt, Überliefertes wird immer wieder anders gedeutet.

Ob sich sogar der schwedische Naturforscher Carl von Linné, 1735 von der Geschichte des toltekischen Gottes Quetzalcoatl leiten liess, als er der Kakaopflanze den Gattungsnamen «Theobroma» gab? Das Wort bedeutet «Götterspeise».

Lange bevor die Azteken die Nachfolge der Tolteken (Hochblüte um 900–1168) in Mexiko angetreten hatten, soll sich die folgende Geschichte ereignet haben: Damit auch sein Volk diese wunderbare Speise geniessen konnte, soll Quetzalcoatl, Priesterkönig im Lande Tollan, die Kakaofrucht aus dem «gesegneten Land der ersten Kinder der Sonne» geraubt haben. Die Samen entwickelten sich in Quetzalcoatls Gartenanlagen zu prachtvollen Bäumen. Er wurde damit so berühmt, dass ihn die Anahuacs – ein Toltekenstamm – zum Chef erkoren.

Fortan lebte er in einer Atmosphäre des Glücks, verehrt von seinen Jüngern und angebetet vom Volk.

Quetzalcoatl liess aus Gold, Edelsteinen und kostbaren Metallen die schönsten Paläste der Welt bauen. Dies genügte ihm jedoch nicht: Er strebte – so will es die Sage – nach göttlicher Unsterblichkeit. Sein Verlangen wurde ihm zum Verhängnis. Er nahm den Trunk, der ihm diesen Wunsch erfüllen sollte, aus den Händen eines bösen Zauberers und verlor sofort den Verstand. Der ehemals Vielbewunderte zerstörte nun alles, was er geschaffen hatte: die Paläste und die prachtvoll angelegten Gärten. Schliesslich erbarmte sich der grosse Geist seiner und verwandelte ihn in den Genius der Luft, des Windes, des Regens und des Taues. Als Gott des silbernen Mondes und der blauen Winde wurde er zur populärsten altmexikanischen Gottheit.

Dass die Kakaopflanze schon sehr früh als «das Kostbarste» galt, was die üppige Vegetation dem Äquator entlang zu bieten hatte, lässt sich aus unzähligen schriftlichen Quellen schliessen. In einer altmexikanischen Bilderschrift zum Beispiel ist der Kakaobaum als ein Symbol des Südens abgebildet.

Die ersten «Götterspeisen»-Plantagen wurden um 600 nach unserer Zeitrechnung von den Mayas in Yucatan, Mexiko, angelegt.

Kakaobohnen als Zahlungsmittel

Erst die Azteken, die auf ihren Eroberungszügen bis weit südlich in die Abhänge des mexikanischen Hochlandes vordrangen, hinterliessen urkundliches Material, das die Bedeutung des Kakaos erkennen lässt. Einem ihrer Tributregister entnahm der mexikanische Historiker Penafiel, dass um 1300 von den besetzten Gebieten jährlich 980 Traglasten Kakao zu je 100 Kilogramm eingezogen wurden. Die Kakaobohnen dienten auch als rechnerische Einheit: 400 davon waren ein Zontli, 8000 ein Xiquipilli (ein Korb). Drei Xiquipilli wiederum erga-

Ebenso wie der Speer gehören auch die verschiedenen Geräte zur Kakaozubereitung zu der Abbildung eines Indios aus dem Jahr 1685. Unten sind ein Kakaozweig mit den Früchten sowie Vanilleschoten zu sehen, die zur Verbesserung des «göttlichen» Getränks dienen.

ben eine Cargo (= Ladung). Kakaobohnen galten als allgemeines Zahlungsmittel, mit dem der Aztekenherrscher Auizotl auch den Sold an seine Soldaten ausrichtete.

Die volkswirtschaftliche Bedeutung des Kakaos stieg und mit ihr auch die Anbaufläche. Er nahm anderen Agrarprodukten gegenüber eine bevorzugte Stellung ein.

Es ist allerdings schwierig, den damaligen Geldwert der begehrten Bohnen umzurechnen. Er war ja nicht wie heute unsere Währungseinheiten gesetzlich festgelegt, sondern beruhte auf Bräuchen oder Gewohnheiten, die je nach Region anders waren.

Die schriftlichen Quellen über die Kaufkraft der Kakaobohnen sind dementsprechend unterschiedlich. Aus einem weiteren Grund ist der Vergleich mit heutigem Geld sehr problematisch: Die Kakaobohnen waren nicht lange haltbar. Es handelte sich dabei also um eine Art «Schwundgeld».

Kakao als Wahrzeichen des Südens

Eine richtige Kakaohandelsstrasse führte zu Beginn des 16. Jahrhunderts bis hinunter an die Pazifikküste von Guatemala. Die Völker aus dem Süden tauschten ihre Kakaobohnen, die farbigen Federn des Vogels Quetzal und Edelsteine gegen Stoffe und Töpferwaren aus dem rauheren Norden. Eine zeitgenössische Darstellung schildert den florierenden Kakaohandel so: «Vom mexikanischen Hochlande zogen über den Isthmus (= Landenge, d. A.) nach der Landschaft Xoconochco und der pazifischen Küste von Guatemala Karawanen von Lastträgern. Die Kakaohändler hielten ständig ein beträchtliches Lager. Sie verkauften nach ausserhalb, kauften im Grossen ein, um im Kleinen wieder zu verkaufen. Der reelle Kakaohändler handelte nur dicke, feste, ausgesuchte Bohnen. Jede Qualität wurde gesondert gehandelt; es gab Tochtepec, Anahuac, Guatemala, Guatulco und Xolotepec, ganz gleich ob die Ware blass, aschgrau oder rot war. Der unreelle Händler verfälschte die Bohnen durch Brühen, ja, er röstete sie, um ihnen ein gutes Aussehen zu geben. Er betrog die Käufer, indem er den Bohnen künstlich eine aschgraue oder fahlrote Farbe gab. Dies war die Farbe der besten Sorten. Geschickt behandelte er die Bohnen so, dass sie dicker wurden: Er legte sie eine Zeit in heisse Asche und umgab sie mit Kreide oder feuchter Erde, damit die kleinen Bohnen ein grosses, frisches Aussehen erhielten.

Americanus instructus suo vere Chocolaterio & Scypho
pag. 169
Ramus arboris Cacao
Siliqua fructus
Cacao
Fructus Cacao

Andere Täuschungen, zu denen er Zuflucht nahm, bestanden darin, dass er in Kakaoschalen schwarzen Wachs füllte, der dem Kern ähnlich sah: Er zerkleinerte die Nüsse der Avocados und presste die Stücke in die leeren Kakaoschalen. Weiter spiegelte er kleine Bohnen mit aschfarbenen und frischen und mengte auch andere Bohnen darunter, alles um die Käufer zu täuschen.»

Nicht zuletzt auch das Bemühen, aus minderwertigem Material qualitativ hochstehende Kakaobohnen zu machen, zeigt, wie lukrativ das Geschäft mit der «Götterspeise» gewesen sein muss. Trotz der Riesenmenge Kakao, die ständig im Umlauf war, blieb das daraus zubereitete Getränk nur höheren Kreisen vorbehalten.

Bei der Krönung des Aztekenherrschers Montezuma II. wurden viele Ladungen Kakao für die Festbankette bereitgestellt.

Zu kleinen Bällen geformt, bildete Kakao in der Truppenverpflegung eine «eiserne Ration».

Rebellische Stämme wurden von den Inkas bestraft, indem man ihre Kakaopflanzungen auf den Stock setzte und sie somit für längere Zeit auf die begehrten Bohnen verzichten mussten.

Kakao galt als nahrhaftes Getränk, das Seele und Leib stärkte und gut gegen allerlei Gebresten war. Auf nüchternen Magen getrunken, hielt man ihn als sicheres Abwehrmittel gegen Schlangenbisse.

Das traditionelle Kakaogetränk wurde aus gerösteten und auf einem Reibstein zu einer teigartigen Masse zerquetschten Bohnen unter Zugabe von verschiedenen Gewürzen (Vanille, Pfeffer, Piment usw.) zubereitet. Man setzte die Kakaomasse mit Wasser auf und kochte sie so lange, bis sich die Kakaobutter an der Oberfläche sammelte. Ein Teil davon kam später wieder ins Getränk, den Rest verwendete man für medizinische und kosmetische Zwecke.

Bevor das Getränk zum Genuss bereit war, musste es einige Male umgeleert werden. Durch kräftiges Rühren mit einem oft kunstvoll verzierten Quirl brachte man es zum Schäumen.

Eine besondere symbolische Stellung nahm der Kakao im religiösen Leben der Mexikaner ein: Entweder brachten sie Opfer, um die Götter günstig zu stimmen oder sie versuchten mit verschiedenen religiösen Ritualen vor der Aussaat, das gute Gedeihen der Neupflanzungen zu beeinflussen.

Die Pipil-Indianer verteilten die Kakaosamen auf verschiedene kleine Gefässe und stellten sie mit bestimmten Zeremonien unter ihres Gottes Schutz.

Als «Baum des Südens» wurde der Kakaobaum in altmexikanischen Bilderhandschriften dargestellt.

Vor der Aussaat mussten Vögel einer ausgewählten Art geopfert und mit deren Blut der Acker gedüngt werden. Die Kakaobohne war dermassen im Leben dieser Menschen integriert, dass sie sogar bei der Brautwerbung Verwendung fand.

Die Neue Welt lockt Europas Schatzsucher

Währenddem sich die Ureinwohner Mexikos an der üppigen Vegetation eines weitgehend friedlichen Lebens erfreuten, loderte in Europa der Machtkampf um die Beherrschung der wichtigsten Handelswege.

Auf der Suche nach dem Reichtum versprechenden Indien stiess Kolumbus am 30. Juli 1502 erstmals auf Kakaobohnen. Nicht weit von der nicaraguanischen Küste entfernt traf er auf ein grosses Schiff mit Eingeborenen. Es waren Maya-Kaufleute, die bunte Baumwollstoffe sowie Geräte und Waffen aus Kupfer handelten: «Und ausserdem führten sie eine Art von Mandeln bei sich, von denen sie berichteten, dass sie ihnen als Münzen sowie zur Bereitung eines köstlichen, nahrhaften Getränks dienten.» So schilderte später ein Begleiter der Expedition das Treffen. Erstaunlicherweise weckten die ungewöhnlichen Bohnen jedoch nicht das Interesse des grossen Entdeckers.

Kleinere Expeditionen, die von der damals bereits bestehenden spanischen Kolonie Española an der Küste bei San Domingo die Umgebung erforschten, brachten wahre Reichtümer mit. Sie erhielten diese von den Eingeborenen im Tausch gegen billige Glasperlen und ähnliche Dinge.

1519 rüstete Hernando Cortez zu einer grossen Expedition mit einer Flotte von fünf Karavellen und mehreren kleinen Schiffen. Seine 100 Seeleute und 500 Soldaten (13 Musketiere und 32 Armbrustschützen) gingen mit Hilfe von 11 kleinen Kanonen als Sieger eines blutigen Gefechts an der Küste von Tabasco hervor. Dann segelten sie weiter nach Nordwesten bis zum Hafen San Juan de Ulloa. Ganz in der Nähe entstand darauf der spanische Stützpunkt «Villa Rica de la Vera Cruz».

Il frutto è à modo di mandorle, & naſce in certe zucche di groſſezza,& larghezza quaſi come vn cocumero, matura in termine d'vn'anno, & eſſendo di ſtagione lo cogliono, & cacciatoui il frutto ſopra certe ſtuore,lo mettono al Sole à ſciugare, & quando lo vogliono beuere, in vn teſto lo fanno ſeccare al fuoco, & poi con le pietre, che fanno il pane lo macinano, & meſſolo

Geschickt verstand es Cortez, Streitigkeiten zwischen den Häuptlingen der verschiedenen Stämme in der weiteren Umgebung für seine Pläne zu nutzen. Bald hatte er einige Bundesgenossen gefunden und konnte seine Absichten verwirklichen: Die Eroberung von Gebieten im Landesinneren begann. Einem Schreiben Cortez' vom 30. Oktober 1520 an Karl V. sind wahre Greueltaten zu entnehmen. So schildert er kurz die Vernichtung von zehn Orten: «Streifend brannten wir zehn Dörfer nieder, davon eines mit mehr denn dreihundert Häusern... Dieweil die Fahne mit dem heiligen Kreuze vor uns ging und wir für den Christenglauben im Dienste Eurer Majestät fochten, hat uns der liebe Gott so viel Kraft verliehen, dass wir eine gute Anzahl unserer Feinde erlegten, selber aber keine Verluste erlitten.»

Verunsichert wollte Montezuma II. einerseits seine Position als Herrscher Mexikos behalten, andererseits unterlag er einem verhängnisvollen Irrtum: Die Azteken verehrten Cortez als «Sohn der Sonne» und glaubten, ihr Gott Quetzalcoatl sei in ihm zurückgekehrt.

Wiederum wussten die Spanier die Lage für ihre Zwecke zu nutzen. Mit Leichtigkeit eroberten sie die Hauptstadt Tenochtitlan-Mexico. Das Aztekenreich fiel schliesslich 1521 an die Spanier. Die Bedeutung des Kakaos als Getränk blieb den Europäern aber weiterhin unbekannt.

Der Conquistador erwähnt in einem seiner vielen Berichte an Kaiser Karl V. den Kakao nur als Zahlungsmittel: «Er hat grossen Wert, da die Bohnen auch als Münze gelten und man damit alles kaufen kann, was man braucht.»

Auch Hernandez Oviedo y Valdes erwähnte das Getränk nicht in seiner 1526 in Toledo gedruckten «Historia natural y general de las Indios». Aus eigener Erfahrung pries er die «wunderbare» Heilwirkung der Kakaobutter und deren Verwendung für kosmetische Zwecke.

Das Ziel der Eroberer war, in den fremden Ländern so viele Schätze wie

Trefflich stellte Girolamo Benzoni in seiner «Historia del Mondo Nuovo» (1565) den Kakaobaum samt Kakaomutter dar sowie die zum Trocknen ausgelegten Kakaofrüchte.

nur möglich zu entdecken und sie sich anzueignen, damit sie nachher als angesehene Bürger in ihr Land zurückkehren konnten.

Was lag demnach näher, als ebenso wie die Eingeborenen «Geld zu züchten»: Der weitsichtige Cortez liess eine 2000 Quadratfuss grosse Kakaoplantage anlegen.

«Die Bohne ist nicht gut zu essen . . .»

Erst 1523 schrieb Petrus Martyr de Angleria an Papst Clemens VII.: «Die Frucht gewisser Bäume, die unseren Mandeln ähnelt und die sie Kakao nennen, dient den Eingeborenen als gängige Münze, und man macht sich daraus ein Getränk. Die Bohne ist nicht gut zu essen. Sie ist etwas bitter, obwohl ziemlich mild, wie eine geschälte Mandel. Man pflanzt diese Bäume an wenigen Orten, denn sie benötigen ein heisses und gleichzeitig feuchtes Klima und einen ziemlich fruchtbaren Boden. Man pflanzt diese Bäume in den Schatten eines anderen, der sie vor der glühenden Sonne beschützt und vor dem Nebel, wie ein Kind sich in den Schoss der Mutter flüchtet. Kaum beginnt der Kakaobaum zu wachsen und seine Wurzeln auszubreiten, so fällt man den Schattenbaum.» Damit gelangte zum ersten Mal ein Bericht über den Kakao in die «Alte Welt».

Eine grössere Verbreitung fand diese Beschreibung des Kakaos allerdings erst 1530, als die gesammelten Berichte von Martyr de Angleria in Antwerpen, Basel, London und Paris herausgegeben wurden.

Die Meldungen über den Trinkkakao häuften sich: «Dieses Getränk ist überaus gesund und nahrhaft, und hat man eine Schale davon getrunken, so kann man den ganzen Tag fortreisen, ohne ein Bedürfnis nach Nahrung zu fühlen», schrieb Expeditionsteilnehmer Bernal Diaz.

Obwohl Hernando Cortez bei seiner Rückkehr nach Spanien 1528 Kakaobohnen und die notwendigen Geräte für die Zubereitung des Getränks mitbrachte, blieb es in Europa ruhig um die «Götterspeise».

Warum die Europäer dem Trinkkakao nicht viel Geschmack abgewinnen konnten, beschrieb der Mailänder Benzoni in einem umfangreichen Reisebericht: «Wenn sie aus dieser Frucht ein Getränk machen wollen, legen sie die Kerne in ein irdenes Geschirr und heben's übers Feuer, lassen sie ganz dürr werden, darnach zerstossen sie sie mit Steinen ganz klein wie Mehl, schütten

es demnach in eine Schüssel (welche gleich einem Kürbis ist) und bespritzen es mit frischem Wasser, streuen ein wenig Pfeffer darunter und brauchen's hernach als das beste Getränk, welches mich vielmehr eine Sautränke als eines Menschen Getränk dünkt zu sein. Als ich durch diese Landschaft reisete, habe ich mich ein ganzes Jahr lang vor dieser Sautränke enthalten, und als ich auf eine Zeit durch ein Dorf zog, bot mir ungefähr ein Indianer zu trinken, da verwunderte er sich höchlich darob und fing überlaut zu lachen an und verspottete mich. Da ich nicht alleweg Wein zu trinken und mir das ärmlich Wasser auch nicht schmeckte, habe ich solches Getränk wohl müssen lernen trinken und anderen nachfolgen. Dieses Getränk ist ein wenig säuerlich und kitzelt einen auf der Zunge, sättiget und kältet den Leib sehr heftig, aber machet nicht trunken, noch voll und toll...»

Ebensowenig konnte sich der Jesuit José d'Acosta mit dem Kakaogetränk anfreunden. Er berichtete von der Schokolade, «dass die Spanier der Neuen Welt ihrem Genuss mit närrischer Leidenschaft ergeben seien; man müsse aber an das Gebräu gewöhnt sein, wenn einem nicht schon beim Anblick des Schaumes, der wie Hefe über einer gärenden Flüssigkeit stehe, übel werden solle.»

Ernte und Zubereitung des köstlichen Getränks stellte der Weltreisende Olfert Dapper 1673 in seinem Buch «Die unbekannte Neue Welt» sehr anschaulich dar. Im Vordergrund ist das Rösten der Bohnen zu sehen, am Tisch werden sie gemahlen und mit dem Quirl das Getränk gerührt.

Die Schokolade kommt am spanischen Hof in Mode

Eine Wende brachte das Zuckerrohr, das die Spanier von den Kanarischen Inseln nach Cuba und Española brachten und dort anpflanzten. Mit Zucker gesüsst, vermochte das mit Vanille gewürzte Getränk nun auch europäische Gaumen zu befriedigen. Neu wurde Kakao auch warm getrunken und war daher verträglicher für den Magen. In verschiedenen Klöstern schufen Nonnen und Mönche bisher unbekannte Zubereitungsarten, die auf grossen Anklang stiessen. Es dauerte denn auch nicht lange, bis die besten Kakaosorten unter der Bezeichnung «Chocolate Real», als kochfertige Schokolademasse verarbeitet, an den spanischen Hof geschickt wurden.

1609 entstand in Mexiko das erste Kakao-Buch mit dem Titel: «Libro en el cual se trata del Chocolate». Der Autor und Arzt Juan Barrios war vom breiten Anwendungsgebiet der Pflanze überzeugt und beobachtete bei seinen Patienten die Wirkung von Schokolade. Gezielt ordnete er den verschiedenen Konstitutionen unterschiedliche Zubereitungsformen zu. Die Zeit war nun reif für die Eroberung der «Alten Welt» mit einem der damals noch wichtigsten Produkte aus den besetzten Gebieten.

1585 landet das erste zur Hauptsache mit Schokolade beladene Schiff aus Vera Cruz in Spanien.

Die Schokolade kam in Mode: Zuerst nur am königlichen Hof, wo sie als Getränk, das auch während des Fastens sättigte, eine besondere Stellung bekam. Bald mochten jedoch die Rückwanderer aus der «Neuen Welt» nicht auf ihr Lieblingsgetränk verzichten, und die «Chocolate» wurde zu einem Modegetränk. Sie blieb wegen des Handelsmonopols jedoch noch lange eine spanische «Angelegenheit».

In den verschiedensten Gesellschaftsschichten wurde am Morgen eine Tasse oder auch mehr Schokolade genossen. In grossen Mengen lieferten die Anbauländer die mit Zucker und Gewürzen zum sofortigen Gebrauch zubereitete Schokolademasse. In Spanien erwachte das Interesse an einer Verarbeitung im Lande erst später.

Als erster publizierte der Arzt Bartolomeo Marradon nach seiner Rückkehr aus «Neuspanien» 1616 eine Anleitung zur Verarbeitung der Bohnen.

Thomas Gage hielt sich nach 1625 während 24 Jahren in Spanisch-Amerika auf und schilderte in vielen Berichten die Rolle der Schokolade. Er erwähnt besonders die Beliebtheit der Schokolade bei den Damen, die sich ihr Lieb-

Das «Schokolademädchen» vom Genfer Maler und Graveur Jean-Etienne Liotard (1702–1790). Dieses berühmte Gemälde diente noch bis ins 19. Jahrhundert als Vorlage für Kakao- und Schokoladepulver-Verpackungen.

lingsgetränk sogar in der Kirche, während der Messe, von der Dienerschaft servieren liessen. Bischof Bernardo de Salazar schimpfte über diese «Entweihung des Gottesdienstes» und verbot die neue «Unsitte». Fortan blieben die meisten Kirchenbänke leer. Als bald darauf der hohe Geistliche verstarb, wurden die Schokolade-Liebhaberinnen verdächtigt, ihn aus Rache mit Gift ermordet zu haben.

Entsprechend dem Gesetz von Angebot und Nachfrage war die Schokolade nach wie vor sehr teuer und begehrt. Der Marquis de Albuquerque machte sich noch 1654 mit Schokoladegeschenken bei den «königlichen Räten» beliebt. Allein die Frachtkosten für die 16 000 Pfund verschenkter Schokolade sollen um 4000 Dukaten betragen haben. Weiter führt der unbekannte Chronist aus: «Die Schokolade kommt in Kistchen aus Hartholz, deren jedes ein Pfund enthält. Sicher kostet die Verpakkung weitere 2000 Dukaten.»

Es war übrigens im damaligen Spanien üblich, mit Schokoladegeschenken Amtsleute zu bestechen.

Die Schokolade wurde zu einem festen Bestandteil des spanischen Königshofes und zu einem Statussymbol. Durch den Genuss des kaum erschwinglichen neuen Getränks konnte man sich deutlich einer privilegierten Gesellschaftsschicht zuordnen.

Folgenträchtige Hochzeit in Frankreich

Eine der wichtigsten Neuerungen, die Anna von Österreich, eine Tochter König Philipps III. von Spanien, nach ihrer Vermählung mit dem französischen König Ludwig XIII. am Hof von Versailles einführte, war das Trinken von Schokolade. Sie entwickelte sich von da an zum Getränk der europäischen Aristokratie.

Wer etwas auf sich hielt, beschäftigte neben dem üblichen Hauspersonal eine spanische Schokoladeköchin oder einen Schokoladekoch. Später wurden sie von den italienischen Cioccolatieri abgelöst, die eine unvergleichliche Schokolade servierten.

Man liess sich morgens als erstes eine Tasse Schokolade ans Bett bringen. Damit gelang es wieder einmal, deutliche Akzente zu setzen: Den Tag im halb ruhenden Zustand und dazu erst noch mit einem Genuss zu beginnen, war bestimmt nur wenigen Menschen vergönnt.

Selbstverständlich standen auch Leute von Rang der Schokolade abweisend gegenüber. Die neuvermählte Anna von Österreich wurde von empörten Franzosen als «genusssüchtig und sinnlich» beschimpft.

Der Arzt Joh. Heinrich Grosch wies dramatisch auf die Gefahren durch «Missbrauch der neuen Genussmittel» hin. Er warnte vor dem «o nichtigen Überfluss im Essen und Trinken» und schimpfte weiter: «... wie verstellest du den Menschen. Du schnöde Fress- und Saufflust, wie viel Unlust und Ungesundheit bringest, und wie verkürzest du das Leben.»

Die Französin Marie Marquise de Sévigné liess ihrem Aberglauben freien Lauf, als sie ihrem Vater um 1650 schrieb: «Die Marquise de Coëtlogon hat während ihrer Schwangerschaft soviel Schokolade getrunken, dass sie einen Knaben gebar, der war schwarz wie der Teufel und starb nach wenigen Tagen.»

Die Spanier hatten indes immer noch das Monopol und somit weitgehend die Kontrolle über den europäischen Schokolade- und Kakaomarkt. Schmuggler und Seeräuber versuchten auf ihre Art, an diesem lukrativen Geschäft teilzunehmen.

Ganze Schiffsladungen Kakaobohnen landeten im Meer, weil die Piraten mit ihrem Diebesgut nichts anzufangen wussten...

Die Holländer wissen sich zu helfen

Den Niederlanden gelang es nach einigen gescheiterten Versuchen, 1635 einen «versteckten» Handel aufzuziehen. Die Besetzung einiger Inseln vor der Küste Venezuelas, unter ihnen war der später wichtigste Handelsknoten Curaçao, ermöglichte einen schwunghaften Schmuggel mit dem Festland. Venezuela entwickelte sich so zum Hauptkakaoerzeuger. Es gelang den Spaniern nicht, die Holländer aus ihrer Stellung zu vertreiben, und nur ein sehr kleiner Bruchteil der Produktion ging direkt an die offiziellen Besetzer. Allzulange hatten sie sich nur auf die Ausbeutung der Bodenschätze konzentriert und die vorhandenen Kakaopflanzungen nicht nur vernachlässigt, sondern die verfügbaren Arbeitskräfte für den Bergbau eingesetzt. Während 16 Jahren (1706–1721) lief kein einziges spanisches Schiff die Küsten Venezuelas an: Die Niederlän-

Selbstverständlich gehörte in gehobenen Kreisen auch das spezielle Geschirr zum Schokoladekränzchen. Diese Chocolatière mit Tasse wurde in der Schooren-Porzellan-Manufaktur hergestellt und ist heute im Privatbesitz von Dr. R. Felber, Kilchberg.

der übernahmen – wenn auch erst inoffiziell – den Welt-Kakaomarkt. Nur der Kontakt mit den Holländern ermöglichte es zudem den Kolonisten, sich günstig im Tauschhandel mit Werkzeugen, Stoffen und anderen verschiedenen Gerätschaften einzudecken. Sie bezahlten mit Kakao, Zucker und Tabak.

Die begehrten Produkte blieben jedoch weiterhin teuer, und die Spanier wurden von den Engländern als skrupellos, habgierig und herrschsüchtig bezeichnet.

Dessen ungeachtet erfreuten sich Kakao und Schokolade ständig grösserer Beliebtheit. Dies, obwohl die Verarbeitung der Kakaobohne nach wie vor durch Menschenhand erfolgte und daher keine Massenproduktion möglich war. 1657 eröffnete ein Franzose in London das erste Schokoladegeschäft.

Sogar Papst Pius V. revidierte seine anfänglich ablehnende Haltung und befand: «Flüssiges bricht das Fasten nicht.» Demzufolge konnte während der Fastenzeit auch Schokolade eingenommen werden, die bis ins 18. Jahrhundert ja nur als Getränk bekannt war.

Bezeichnenderweise in einem Londoner Kaffeehaus konnte Schokolade bereits 1674 verarbeitet, in Kuchen und Rollen (biscuitähnliches Gebäck), erworben werden.

Zürich blieb von der Schokolade nicht verschont: Heinrich Escher, Bürgermeister der Limmatstadt, lernte 1697 in Brüssel die Schokolade kennen und erzählte daheim mit Begeisterung davon. In Italien war die Schokolade indes schon so beliebt, dass sie sogar zur Heiligsprechung des Sebastian de Aparico eine wesentliche Rolle spielte. Nach einigen erfolglosen Versuchen, mit grosszügigen Schokoladegeschenken an hohe Persönlichkeiten die Angelegenheit voranzutreiben, gaben es die Gesuchsteller nicht auf. Weitere 30 Kilogramm der begehrten Masse und ein halbes Dutzend kostbare chinesische Tassen wechselten 1697 den Besitzer, und die Heiligsprechung erfolgte...

Schokolade war ein gängiges Bestechungsmittel, das die erhoffte Wirkung nur selten verfehlte.

In Deutschland versuchte Friedrich I. von Preussen den Kakaogenuss einzudämmen. Wer sich trendgemäss am braunen Getränk erlaben wollte, musste 1704 für zwei Taler einen Erlaubnisschein erstehen.

Der Glaube, dass Schokolade eine «Venus-Speise» sei und potenzsteigernd wirke, war in Deutschland weit verbreitet. 1711 schrieb Christoph Hellwig, Physikus in Tennstädt: «Man suchte Stärkung zu gewissen Pflichten durch

Eine Hochblüte erlebte die Schokolade im Rokoko. Die «galante Nascherei», das gekonnte Geniessen, entsprach der höfischen Lebensart.

die Schokolade, der man manche jetzige Existenz diesen oder jenen winzigen Geschöpfleins zuschreibt.»

Auch das weltliche Wien wird mit dem Umzug von Kaiser Karl VI., 1711, von Madrid in die österreichische Metropole von der Schokolade erobert.

Die Geistlichen schienen allerdings das «göttliche» Getränk schon gekannt und sehr geschätzt zu haben: Etwa zu gleicher Zeit zog der österreichische Doktorand Johann Michael Haider den Zorn der hohen Geistlichkeit auf sich. Er vertrat die Ansicht, dass zumindest die im Zölibat lebenden Geistlichen ganz auf den Genuss der anregenden Schokolade verzichten sollten. Die 32 Seiten umfassende Doktorarbeit verbrannte man, wo man ihrer habhaft wurde. Sie gilt heute als grosse Rarität.

Die Schokolade wird zum Statusgetränk

Im 18. Jahrhundert wird die Schokolade regelrecht zum Ausdruck der höfischen Lebensart in Europa. «Und so ist die Schokolade unter dem Zepter des Rokoko auch erst das geworden, was sie heute noch immer in gewissem Sinne ist: eine galante Nascherei.» Dies schrieb 1931 Valerian Tornius, der Verfasser des Werkes «Das Buch über die Schokolade».

Deutlich tritt dies in der Malerei hervor: Darstellungen von galanten Schäferstündchen mit Schokoladegenuss sind nicht selten. Geradezu ein Denkmal hat Johann Wolfgang von Goethe der Schokolade gesetzt. Neben der Vorliebe für Süsses, die er von seiner Mutter «geerbt» haben soll, entsprachen seine Schwärmereien genau dem Geistesleben jener Zeit. Seine bürgerliche Herkunft verschwand sozusagen hinter der Fähigkeit, dem aristokratischen Genuss vorbehaltlos zu huldigen.

Berühmt in ganz Europa waren zu jener Zeit die italienischen Cioccolatieri. Sie brachten auf ihren Reisen in die benachbarten Länder auch die begehrten Rezepte für die Zubereitung der damals bereits legendären Florentiner und Venezianer Schokolade mit.

Königinnen und Könige, Dichter, Maler, Staatsmänner, Ärzte und Geistliche waren der Schokolade sehr zugetan. Wenn auch hin und wieder eine kritische Stimme ertönte: Sie tat der Sympathie den neuen Getränken gegenüber kaum Abbruch.

Vielen Mahnern ging es dazumal weniger darum, den Konsum «heisser und hitziger» Speisen ganz zu unterbinden, als vielmehr vor Missbräuchen zu

warnen. Dies geschah oft mit krassen Worten. So liess es sich auch der erklärte Schokoladegegner Sir Roger North, Generalstaatsanwalt unter James II. (1685–1688) nicht nehmen, die neuen Schokoladenstuben, die in ganz Europa entstanden, als «Spielhöllen, Treffpunkte der Halbwelt und zweifelhafter Charakteren aus allen Schichten der Gesellschaft», kurz «Schulen des Bösen» zu nennen.

Ihrer Abneigung gegen «dieses Zeug», liess die bekannte Herzogin von Orléans, Liselotte von der Pfalz, freien Lauf. Sie schrieb 1712 an die Gräfin Louise nach Versailles: «Ich kann weder Tee, Kaffee noch Schokolade vertragen, kann nicht begreifen, wie man es gern trinkt. Schokolade ist mir viel zu süss, kann also keine leiden. Guter brauner Kohl, Sauerkraut, Schinken und Knackwürste sind meine Sache.»

Trotzdem: Bürger und Bürgerinnen «schokoladierten», sie gingen nicht mehr nur ins Kaffeehaus.

Neben der Trinkschokolade gab es delikates Gebäck, in dem Kakao und Schokolade verarbeitet wurde.

Nach wie vor kontrollierte Spanien offiziell den gesamten Kakao- und Schokoladehandel.

Geradezu eine patriotische Handlung wurde das Kakaotrinken 1679 bei den Franzosen, als Admiral d'Estrée die erste Ladung Bohnen aus den eigenen Anbaugebieten in Westindien nach Hause brachte.

Die Schokolade und der Kakao nahmen einen festen Platz ein im Leben der französischen Bourgeoisie. Etliche Bücher wurden über die neuen Nahrungsmittel geschrieben, und 1684 gab eine der medizinischen Fakultäten unter Professor Bachot eine Doktorarbeit heraus, welche ausführlich die gesundheitsfördernde Wirkung der Schokolade behandelte.

Noch immer konnten sich nur zahlungskräftige Geniesser in Europa den Gaumen mit Schokolade und Kakao verwöhnen.

Spaniens Einfluss beginnt zu schwinden

Das spanische Kolonialreich reichte im 16. Jahrhundert von den Küsten Kaliforniens über Florida bis ganz hinunter, der südamerikanischen Küste entlang. Die dem Festland vorgelagerten Inseln waren während der Kämpfe und der nachfolgenden Unterdrückung beinahe ausgestorben. Der Sklavenhandel sollte die Lücken schliessen, der Mangel an ortskundigen Arbeitskräften bot den Einwanderern jedoch nicht die gewünschten Verdienstmöglichkeiten: Sie zogen aufs Festland.

Das spanische Imperium verlor immer mehr Macht: Schon lange (1588) konnten die Spanier den Seeweg nach Westindien nicht mehr kontrollieren. 1635 besetzte Frankreich schliesslich Martinique, Guadeloupe und kurz darauf noch Santa Lucia. Die Holländer kamen nach Curaçao, und Jamaica fiel 1655 an die Engländer. Portugal liess mit einem königlichen Dekret in Brasilien 1678 Kakao anbauen. Schliesslich zerstörte 1727 ein Orkan in Trinidad noch alle Kakaopflanzungen.

Der längst erwartete Schritt erfolgte 1728: König Philipp V. von Spanien trat das Monopol für den Kakaohandel an eine internationale Gesellschaft ab. Diese setzte sich aus baskischen Kaufleuten zusammen, die als Gegenleistung den Schmuggel der venezolanischen Küste entlang bekämpfen wollten. Im gleichen Zug versuchten sie, mit einer ausreichenden Versorgung des Festlandes durch europäische Güter die Abhängigkeit der Einwanderer von den Holländern zu beenden. Der Erfolg blieb nicht aus: Die Kakaoimporte stiegen in Spanien unverzüglich auf die doppelte Menge an. Zwischen 1730 und 1748 verfrachtete die «Compania» 860 000 Zentner Kakao. Dies führte zu einer massiven Preissenkung (ca. 40 Prozent) und gleichzeitig zu einer Steigerung des Verbrauchs.

Die Kontrolle der rund 1800 Kilometer Küstengebiet war allerdings sehr aufwendig. Mit 10 Schiffen, die mit 60 Kanonen bestückt waren, und einer Besatzung von etwa 500 Mann gelang dies während längerer Zeit.

Die Siedler vermissten jedoch das rentable Schmuggelgeschäft und brachten den «neuen Herren» keine Sympathien entgegen. Die Aufpasser liessen sich bestechen, und die straffe Ordnung begann wieder zu bröckeln.

1778 fiel das Monopol der «Compania», und der Handel auf dem Festland wurde mit königlichem Dekret freigegeben. Dieses enthielt allerdings

Delicat und leckerhaffter Narr.

Die zucker Narrn seind beflissen,
Zu kauffen manche leker bissen
Doch seind noch viel mehr auß zulachen
Die sich solch Schlekwerk selber bachen
Weil sie noch andern geben können
Die heimlich sie doch Narren nennen.

In Augsburg konnte um 1700, wie dieser Kupferstich zeigt, an speziellen Süsswaren-Verkaufsständen der «leckerhaften Narretei» freier Lauf gelassen werden.

eine ganze Menge Vorschriften, die es schliesslich wieder nur Spaniern ermöglichen sollten, mit Kakao zu handeln. Wiederum gab sich der spanische Hof einer Illusion hin: Wie schon früher, wurden die Abmachungen nicht eingehalten.

Dies tat dem Handel keinen Abbruch. Venezuelas Kakaowirtschaft florierte. Die Anbaugebiete in «Neuspanien» konnten trotzdem nicht den ganzen Bedarf befriedigen, und weil Mangelware teuer ist, änderte sich nicht viel: Sie blieb vorläufig noch immer begüterten Schichten vorbehalten.

Mit Unterbrechungen tauchte die ganze Zeit hindurch die Streitfrage wieder auf, ob das Trinken von Schokolade das Fasten breche oder nicht. Besonders, als der wirkliche Nährwert erkannt wurde, vertraten verschiedene Theologen die Ansicht, der hohe Fettgehalt führe eine derartige Sättigung herbei, dass die Schokolade nicht zu den Getränken, sondern zu den Nahrungsmitteln gehöre. Auch das Urteil des Moraltheologen Thomas Hurtade, damals anerkannte Autorität der Universität von Toledo, das den Genuss flüssiger Schokolade auch während der Fastenzeit als erlaubt definierte, liess die Gegner nicht ruhen. Die Streitigkeiten innerhalb der Kirche um die Schokolade und die Hochstilisierung des neuen Genusses zu «einer Frage der Moral», führten zum Gegenteil dessen, was die Gegner bezweckten: «Verbotene Frucht schmeckt doppelt süss», formulierte treffend ein italienischer Förderer der Schokolade.

Die Schokolade ist durch nichts zu ersetzen

Schokolade wurde immer beliebter und langsam auch erschwinglicher. Diesem Umstand konnte auch Friedrich der Grosse mit seinem Importverbot von Kakao und Schokolade in Deutschland nicht wirksam genug entgegenwirken. Ganz abgesehen davon, dass der Preussenfürst selber sehr gerne Kakao trank und Schokolade verschenkte. Für die ohnehin notleidende Bevölkerung, befand er allerdings, «sey das Getränk nicht erschwinglich».

Er beauftragte den Chemiker A. Sigismund Marggraf, für die zwei Modegetränke Kakao und Kaffee einen ebenbürtigen Ersatz zu suchen. Dieser bereitete nach verschiedenen Versuchen aus gerösteten, geschälten und gemahlenen Lindensamen einen flüssigen Teig, der mit Zucker vermischt einen angenehmen Geschmack aufwies. Die Schokolade und der Kakao liessen sich jedoch damit nicht ersetzen. Ihr Siegeszug

Noch lange blieb die Schokoladeherstellung eine handwerkliche Arbeit. Im 19. Jahrhundert stellten Diderot und d'Alembert in ihrer Encyclopédie die Arbeit des Confiseurs wie nebenstehend abgebildet ist dar. Unten sind einzelne Geräte zu sehen.

durch Deutschland war nicht mehr aufzuhalten.

In Nordamerika wurde die Schokolade erst 1755 bekannt. Obwohl Kaffee und Tee bereits einen festen Platz inne hatten, gelang es ihr rasch, Anhänger zu gewinnen.

Die Spanier standen damals mit ihrem Kakao- und Schokoladenkonsum mit Abstand immer noch an der Spitze des gesamten Weltverbrauchs.

Die Verarbeitung der Kakaobohnen war jedoch noch sehr aufwendig: Sie erfolgte noch immer nach dem alten Vorbild der Indios mit handbetriebenen Mühlen, zum Teil sogar mit dem Mörser.

Der technische Fortschritt ermöglicht Massenproduktion

Ein neues Zeitalter der Schokoladeherstellung begann sich abzuzeichnen: 1780 wurde in Barcelona erstmals Schokolade maschinell hergestellt. Der Engländer Joseph Townsend beschreibt nach einer Spanienreise 1786–1787 die raffiniert konstruierte Mühle, mit der täglich 55 bis 60 Pfund Kakaobohnen verarbeitet werden konnten. Bald darauf nahmen ähnliche Konstruktionen in Deutschland den Betrieb auf. Der berühmte holländische Kakaofabrikant C. J. van Houten ersuchte 1815 um die Bewilligung, eine Mühle mit zwei Steinen betreiben zu dürfen. Der Antrieb erfolgte über acht Speichen, die von je zwei rundherum laufenden jungen Burschen in Bewegung gebracht wurden. Die Deutschen schienen jenes Terrain gutzumachen, das sie in bezug auf die Einbürgerung der Schokolade durch die Wirren des Dreissigjährigen Krieges (1618–1648) verloren hatten.

fig. 1.

fig. 2.

fig. 4.

fig. 5.

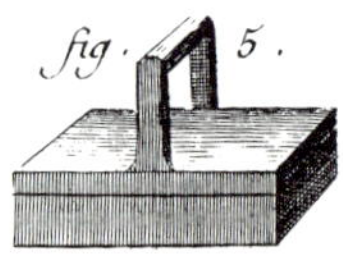

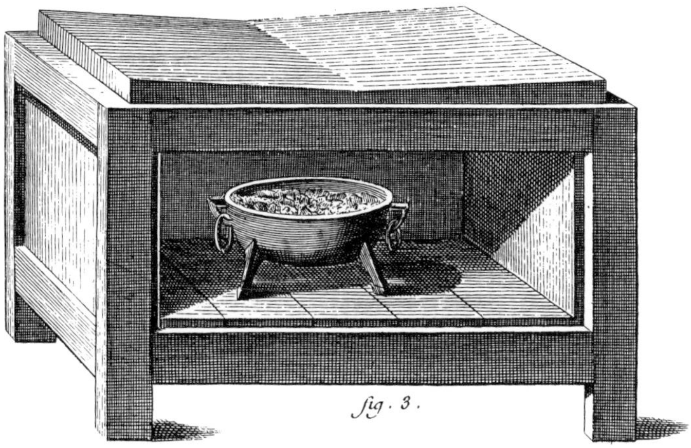

fig. 3.

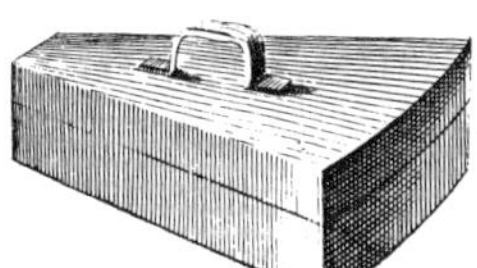

fig. 6.

fig. 7.

Die Kakaofrüchte sind geerntet: An vielen Orten so wie hier in Kamerun erschlossen Missionare mit dem Anbau von Kakao eine bisher unbekannte Verdienstquelle.

In München bot der Wiener Schokoladefabrikant Felix Harter in seiner Preisliste von 1791 schon 12 Sorten der süssen Nascherei an. Zudem konnte er Schokolade-Würste, Brezeln und «Busserl» anbieten.

In Frankfurt brachte das Gebrüderpaar De Giorgi seine Produkte auf den Markt. Diese waren sogar an der Weltausstellung in Chicago (1893) zu sehen.

Die schweizerischen Gebrüder Josty sorgten seit 1792 in Berlin für Gaumenfreuden: «Es gehört zum Modeton, selbst der Damen, bei Josty Schokolade zu trinken, halb Schaum und leicht wie ein Zeitungsblatt, das dabei gelesen wird.» Dies meldete Reisemarschall Karl Julius Weber 1803. Eine besondere Spezialität der zwei Bündner war die «Königl. Preuss. patentierte Kreazone-Schokolade». Daniel Josty erhielt dafür 1831 ein Patent. Etwas ungewöhnlich für heutige Begriffe ist die Zusammensetzung dieser Spezialität: Caracas-Kakao, Fleischextrakt und Zucker. Sie wurde pfundweise für einen Taler verkauft.

Kein geringerer als der Begründer der Homöopathie, Samuel Hahnemann, bezeichnete den Kakao als vorzügliches Nahrungsmittel. 1818 gab er einem Schokoladefabrikanten die Anleitung für die Zubereitung einer sehr bekömmlichen Grundmasse.

Die Schokolade und der Kakao waren aus Europa nicht mehr wegzudenken. Indes begannen die klassischen Anbauländer, allen voran der Hauptlieferant Venezuela, von Krisen erschüttert, den Anbau zu reduzieren. Der Kampf um Unabhängigkeit vom Norden, die Folgen der Französischen Revolution und die damit verbundenen Absatzschwierigkeiten mit den leichtverderblichen Kakaobohnen führten zur Aufgabe vieler Pflanzungen, die rasch verwilderten und überwuchert wurden. Die bisher wenig beachteten wildwachsenden Kakaopflanzen in Ecuador erschienen unter den neuen Umständen förderungswürdig.

Um 1810 schätzte der Naturwissenschaftler und Weltreisende Alexander von Humboldt den Weltbedarf an Kakao auf zirka 13 500 Tonnen. Beeindruckt vom Nährwert der kleinen Bohnen schrieb er: «Kein zweites Mal hat die Natur eine solche Fülle der wertvollsten Nährstoffe auf einem so kleinen Raum zusammengedrängt, wie gerade bei der Kakaobohne.» Ein Drittel der gesamten Weltproduktion ging damals allein nach Spanien. Die Anbauländer, inklusive Mexiko, behielten schätzungsweise 1500 Tonnen für sich. Venezuela lieferte mit 6500 Tonnen beinahe die Hälfte des Weltbedarfs.

Die Bedeutung des mittelamerikanischen Kakaoanbaues nahm jedoch stetig ab. Gleichzeitig wuchsen die Pflanzungen in Südamerika, allen voran jene Brasiliens. Politische Wirren sorgten allerdings auch hier für den Niedergang der aufkeimenden Entwicklung: Die politische Unabhängigkeit vom Mutterland verursachte den Brasilianern grosse Schwierigkeiten.

Die Versorgung Europas stockte, und wiederum waren es die Holländer, die das Naheliegendste taten: Bereits im ausgehenden 18. Jahrhundert, versuchten sie den Kakao in Tropengebieten ausserhalb des amerikanischen Kontinents zu ziehen. 1834 und 1835 setzten dann die Engländer den Grundstein der Kakaopflanzungen auf Ceylon.

Von besonderer Bedeutung sollte allerdings erst der Kakaoanbau auf dem afrikanischen Kontinent werden. In Ghana und Nigeria weckten Mitglieder der Basler Mission das Interesse der Eingeborenen für den Kakao. Binnen einiger Jahrzehnte gelang es ihnen, auf dem Weltmarkt eine besondere Rolle einzunehmen, die bis heute erhalten blieb.

Der Kakao begann nun als Pflanze den Tropengürtel zu erobern.

C. J. van Houten war es inzwischen (1820) gelungen, den Kakao bekömmlicher zu machen: Er entwickelte ein Verfahren, mit dem die schwerverdauliche Kakaobutter entzogen werden konnte. Zudem hatten in Europa aufmerksame Unternehmer verschiedener Erwerbszweige bemerkt, dass hier ein lukratives Geschäft in Sicht war. Die Entwicklung neuer Verarbeitungsverfahren drängte sich auf.

Schokolade wandelt sich vom Luxusartikel der Oberschicht zum beliebten Gaumenkitzel von Kindern und Frauen.

Besonders in Frankreich, damals weit über die Landesgrenzen hinaus als Schokoladehersteller berühmt, wurden verschiedene Maschinen entwickelt. 1841 stellte ein Ingenieur namens Hermann einen Melangeur (Mischmaschine) vor, der eine wesentliche Erhöhung der Arbeitsleistung erbrachte. Bereits 1846 ergänzte der Techniker Daupley den Melangeur mit einer Schüttelvorrichtung, die Schokoladetafeln nach «Mass», mit einheitlichem Gewicht, portionierte.

Der technische Fortschritt und damit rationellere Arbeitsmethoden machten es möglich: In einem rasanten Tempo lösten industrielle Verarbeitungsmethoden die Handarbeit ab.

Das Statussymbol hat für die Aristokratie ausgedient

Mit dem Ancien Régime ging gleichzeitig auch der Mythos der Trinkschokolade unter. Infolge der neuen Entfettungsverfahren war der Kakao leichter verdaulich und auch weniger nahrhaft. Zwischen dem Getränk Kakao und der Schokolade als festem Nahrungsmittel bestand nun ein deutlicher Unterschied. Schokolade eroberte sich einen neuen Platz: Allen voran waren es Frauen und Kinder, die als Schleckmäuler mit Konfekt und verschiedenen süssen Naschereien beschenkt wurden.

Kakao wird zum typischen Kinder-Frühstücksgetränk!

Das Statussymbol hatte für die herrschende Klasse ausgedient: Das süssliche Nichtstun passte nicht mehr zum Geist, der im späten 18. Jahrhundert in Versailles herrschte.

Der weltweite Anbau von Kakao dem Tropengürtel entlang eröffnete neue Perspektiven. Vom ökonomischen Standpunkt aus galt es nun, der steigenden Produktion einen grossen Abnehmerkreis zu sichern.

Zu gering war der Verbrauch von Kakao in der Schweiz, um bis dahin überhaupt besonders erwähnt zu werden. Trotzdem gelang es dem Land, das nie Kolonialmacht gewesen war, das also weder politischen Einfluss auf die Anbauländer ausübte, noch eine besonders verkehrsgünstige Lage aufwies, eine spezielle Rolle im Weltmarkt zu erringen. 1875 gelang es dem Berner Daniel Peter nach achtjährigen Versuchen, die erste Milchschokolade herzustellen. Der 1836 geborene Metzgerssohn lernte in Vevey die älteste Tochter François Louis Caillers, Fanny, kennen und durch sie die Schokolade.

Er zählt zu jenen Eidgenossen, die mit dem Ziel ins Schokoladegeschäft

CHOCOLAT
PH. SUCHARD
CACAO
SUCHARD
SOLUBLE
NEUCHATEL (SUISSE)

eingestiegen waren, etwas Besonderes zu schaffen. Namen wie Cailler, Suchard, Lindt, Sprüngli usw. bürgen noch heute für hohe Schokoladequalität. Eine besondere Entdeckung glückte dem passionierten Schokoladefabrikanten Rodolphe Lindt (1855–1909): Er «tüftelte» ein Verfahren aus, mit dem 1879 erstmals Schokolade entstand, die auf der Zunge schmolz. Vom Grundprinzip her wird auch heute noch Fondant-Schokolade nach Lindts Verfahren hergestellt.

Seine und Daniel Peters Erfindung machten erst die Produktion einer feinen Schokolade möglich. Genau das war es auch, was die Schweizer Schokoladefabrikanten wollten. Mit ihrem Streben nach höchster Qualität und der Verarbeitung von hochwertigem Rohmaterial legten sie den Grundstein für eine Schokoladeindustrie, die heute noch auf der ganzen Welt ein Begriff ist.

1890 exportierten die Fabrikanten aus der Schweiz schon 600 000 Kilogramm Schokolade. Vor dem Ersten Weltkrieg waren es schon 17 Millionen Kilogramm. Zusammen mit dem Eigenverbrauch ergab dies eine Produktion von 25 Millionen Kilogramm jährlich.

Deutschland stieg um die Jahrhundertwende zum grössten Kakaoverbraucher auf: Binnen 50 Jahren war der Konsum um das Vierzehnfache angestiegen. An zweiter Stelle lag Amerika, gefolgt von Frankreich, England und Holland. Die sechs Länder verbrauchten zusammen rund 100 000 Tonnen, mehr als 80 Prozent der gesamten Kakaoproduktion.

Der Erste Weltkrieg setzte der rasanten Entwicklung in Europa 1914 ein jähes Ende. Kurzfristig erholte sich die Schokoladewirtschaft nach Kriegsende, doch schon 1920 erlitt sie unter der Wirtschaftskrise einen grossen Rückschlag. In der Schweiz gefährdeten die

1890 exportierten die Schweizer Schokoladefabrikanten schon 600 000 Kilogramm «Süsses». Besonders sorgfältig wurden Pralinen seit jeher behandelt und verpackt.

hohen Zölle und die strengen Einfuhrbestimmungen für das Rohmaterial die Existenz verschiedener angesehener Schokoladefabrikanten. Der harte Konkurrenzkampf im In- und Ausland führte nochmals zur Rationalisierung der Fabrikationsmethoden und zur Steigerung der Qualität.

Nordamerika stand bald an der Spitze der Kakaoverbraucher. 1920 verzeichneten die USA schon die dreifach höhere Einfuhrmenge als Deutschland: 143 000 Tonnen.

Kakaoprodukte werden zu unentbehrlichen Nahrungsmitteln

Seit der Jahrhundertwende hatte sich die Weltproduktion ständig gesteigert und dann bis 1940 um das Achtfache erhöht. Der Rohstoff Kakao fand in der Nahrungsmittelindustrie immer wieder neue Anwendungsgebiete. In Europa verschlimmerte sich die Rohstoffbeschaffung dann wieder mit dem Zweiten Weltkrieg. Deutschland durfte nach 1944 überhaupt keinen Rohkakao mehr einführen, und in der neutralen und ringsum von kriegführenden Staaten umgebenen Schweiz wurde es immer schwieriger, das Material aus Übersee zu beschaffen.

In England dagegen ging die rasante Weiterentwicklung der Schokoladeverarbeitung erst bei Kriegsende stark zurück. Um die erschütterte Wirtschaft raschmöglichst wieder aufzurichten, konzentrierte man sich in Grossbritannien auf die Verarbeitung von Rohstoffen aus eigenen Anbaugebieten. 1974 fanden 92 000 Menschen Arbeit in der Kakaoverarbeitung. Im Vergleich dazu: Das florierende Brauereigewerbe zählte 90 000 Angestellte.

Der Konsum von Süssigkeiten wuchs in England rapid an, und nir-

Nimrod
Toblerido
· Un · choix · diffic

Die Vorfreude auf den bevorstehenden Genuss kommt bei diesem Werbeplakat deutlich zum Ausdruck. Schokolade bleibt trotz Massenproduktion und grosser Verbreitung eine «süsse Versuchung».

gends in Europa wurde zu jener Zeit so viel Kakao getrunken und Schokolade gegessen.

Der holländischen Kakaoverarbeitung versetzte der Zweite Weltkrieg einen empfindlichen Schlag. Während fünf Jahren erfolgten keine Rohstoffeinfuhren, und erst 1946 konnten die hauptsächlich auf Halbfabrikate (Kakaobutter, Kakaopulver und Schokolademassen) spezialisierten Industriezweige ihre Arbeit wieder aufnehmen.

In Italien und Belgien hatten sich nach dem Zweiten Weltkrieg der Verbrauch und die Verarbeitung von Kakaoprodukten verhältnismässig rasch wieder stabilisiert.

Die äusserst schlechte Wirtschaftslage in Österreich dagegen ermöglichte nach 1945 nur eine langsame industrielle Entwicklung. Dies, obwohl die Österreicher den süssen Naschereien alles andere als abgeneigt waren.

Wenig Bedeutung kam seit jeher dem Verbrauch von Kakaoerzeugnissen in den skandinavischen Ländern und im Ostblock zu.

Das Zeitalter der industriellen Revolution brach an. Schokolade war in der Nachkriegszeit wohl noch ein Luxus für die meisten Menschen, aber man konnte sich diese Gaumenfreude, wenn auch nur selten, dennoch leisten.

Hohe Qualitätsansprüche waren schon immer Kennzeichen einer guten Schweizer Schokolade. Hier kontrollieren Arbeiterinnen im Nestlé-Werk Broc das Rohmaterial.

Es brauchte kaum grosse Antstrengungen, um den Kindern die Schokolade und den Kakao schmackhaft zu machen.

Der Rohstoffmarkt unterlag bald den allgemein gültigen Gesetzen von Angebot und Nachfrage, und es lag im Bereich der einzelnen Industrieunternehmungen, möglichst gewinnbringend einzukaufen und zu verarbeiten.

Der Wandel der Kakaoprodukte weg vom Genussmittel zum überall verbreiteten und für alle Schichten erschwinglichen Nahrungsmittel begann. Rohstoffverteuerungen, Rezession und Erdölkrise konnten der Entwicklung nichts mehr anhaben.

In den Betrieben wurde erneut rationalisiert. Gleichzeitig entstand eine derart vielfältige Produktepalette, die wirklich beinahe jeden Geschmack befriedigen kann.

Noch immer haftet den verschiedenen Frühstücksgetränken auf Kakaobasis ein gesundheitlicher Aspekt an. Sie ermöglichen es den Kindern, ihre morgendliche Ration Milch gerne einzunehmen.

Die verschiedensten Snacks mit Nüssen, Dörrobst und Getreide verfeh-

len ihre Wirkung als schnelle Muntermacher nicht: Sie gelten als ideale Zwischenverpflegung. Schokolade in irgendeiner Form ist für viele Menschen Begleiterin zum täglichen «Brot» geworden. Ähnlich wie den Gegnern im 15. Jahrhundert gelingt es auch heute den modernen Mahnern nicht, die Schokolade mit ihrem hohen Zuckergehalt als Nahrungsmittel grundsätzlich in Frage zu stellen. Der Verstand nimmt die Botschaft wohl wahr, der Gaumen verlangt jedoch weiterhin seinen Tribut.

Immer noch etwas Besonderes sind dagegen zart schmelzende Truffes oder Pralinen. Der Geruch und die Atmosphäre in einer Konfiserie vermitteln eine besondere Stimmung. Nicht ganz ohne Grund beschenkt man Menschen, die man besonders gerne mag, mit Schokoladeprodukten feinster Qualität. Es scheint, dass hier noch ein Teil des früheren Ausdrucks von «savoir vivre» oder Lebensstil weiterlebt: die vorbehaltlose Hingabe an den Gaumengenuss.

Folgenträchtiges Missgeschick

Pralinen verkörpern in ihrer Vielfalt und Qualität unter den Schokoladeprodukten etwas Besonderes, Edles.

Sie sind allerdings nicht das Produkt von langwierigen Tüfteleien. Ganz unerwartet «erfand» sie ein ungeschickter Küchenjunge 1671 und handelte sich dabei erst noch eine Ohrfeige ein...

Der besagte Küchenbursche liess in der Küche des als Feinschmecker bekannten Duc du Plessis-Praslin eine Schüssel mit geschälten Mandeln auf den Boden fallen. Der aufgebrachte Koch versetzte ihm eine Ohrfeige und leerte dabei ein Pfännchen mit heissem gebranntem Zucker über die Mandeln. Marschall Plessis-Praslin wartete indes auf das Dessert. In seiner Verzweiflung servierte ihm der Koch die abgekühlte Zucker-Mandel-Masse. Die erwartete Rüge blieb aus, ganz im Gegenteil: Der Edelmann war begeistert über diese neue Speise und gab ihr kurzentschlossen den Namen «Praslin», woraus später «Praline» wurde.

Selbstverständlich hat sich mit dem Namen auch das Produkt im Laufe der Zeit geändert; der besondere Reiz der Pralinen ist geblieben.

Aus den Regenwäldern am Amazonas

Wer denkt beim Anblick feinster süsser Rahmtruffes schon daran, dass das Basisprodukt, die Kakaobohne, bitter ist? Es ist daher kaum verwunderlich, wenn die erdnussähnlichen Kerne früher mehr als Zahlungsmittel dienten. Nur das rötliche süsse Fleisch der 15 bis 25 Zentimeter langen und bis zu 10 Zentimeter dicken, ovalen bis länglichen Frucht galt als geniessbar. Sie ist botanisch betrachtet an sich eine «Beere», wiegt 350 bis 500 Gramm und kann 20 bis 50 Samen enthalten – die Kakaosamen, oder eben Kakaobohnen, wie sie in unserem Sprachgebrauch genannt werden.

Der Kakaobaum wächst nur in den heissesten Gebieten der Erde. In den feuchten und fruchtbaren Regenwäldern am Amazonas mag er in frühesten Zeiten als wildwachsender Baum gestanden haben, bevor er von den Menschen der indianischen Hochkulturen in ausgedehnten Terrassengärten gezogen wurde.

Hitze und Feuchtigkeit genügen allerdings nicht für das gute Gedeihen eines Kakaobaumes. Was besonders die jüngeren Pflanzen unbedingt brauchen, ist Schatten. Als «Kakaomütter» werden die verschiedenen schnellwachsenden Bäume von Maniok, Bananen, Kokos usw. bezeichnet. Sie gewähren den immergrünen Kakaobäumen den lebensnotwendigen Schutz vor direkter Sonneneinstrahlung.

Kakaobäume können eine Höhe zwischen 10 und 12 Metern erreichen. Damit die Ernte leichter fällt, werden sie in den Plantagen auf 6 Meter zurückgestutzt. Auf dem bis zu 30 Zentimeter dicken Stamm breitet sich eine ausladende Krone aus.

Das gelblichweisse bis rosa gefärbte Holz hat keinen grossen Nutzwert, es dient vorwiegend als Brennmaterial.

Wie viele tropische Gewächse trägt der Kakaobaum während des ganzen Jahres gleichzeitig Blätter, Knospen, Blüten und Früchte. Das Schönste sind ohne Zweifel die weiss-rosaroten Blüten. Sie sitzen wie kleine von Zauberhand gepflückte Sträusschen dicht am birkenähnlichen Stamm oder in der Nähe einer Gabelung der Hauptäste.

Nicht selten werden die Blüten des Kakaobaumes mit denen von Orchideen verwechselt oder als göttliches Kunstwerk bezeichnet. Sie blühen nur wenige Stunden. Zudem ist die Fliegenart (Ceratopogonidae), die während der kurzen Blühzeit die Bestäubung vornimmt, nicht sehr häufig. Daher bringt ein Kakaobaum, obwohl er mit Tausenden von Blüten lockt, nur rund 30 Früchte hervor. Diese sind zuerst grün,

Die Plantagearbeiter schlagen bei der Ernte die Kakaobeeren sorgfältig mit langen Stangen ab. Die Rinde darf dabei nicht verletzt werden.

Darstellung eines Kakaobaumes um 1900:
1. Baum mit Früchten
2. Zweig mit Blüten und Früchten
3. Blüte, durchschnitten
4. Blütendiagramm
5. Frucht, geöffnet

später gelb und werden je nach Sorte vor der Ernte rot, mit einem Stich ins Gelbliche, Orange oder Braune.

Die Beeren hängen an einem kurzen kräftigen Stiel und weisen eine harte, manchmal unregelmässige Schale auf. Sie muss, ähnlich wie die Kokosnuss, regelrecht aufgeschlagen werden. Dies erledigen die Plantagenarbeiter, ausgerüstet mit grossen Sichelmessern, an Ort und Stelle. Dazu stimmen sie einen monotonen Singsang an, der nur durch das rhythmische Aufschlagen der harten Schalen begleitet wird. Das ganze ergibt für den europäischen Besucher eine ungewohnte, beinahe gespenstisch anmutende Szene.

Wenn bei uns spätherbstliche Stürme die letzten Blätter wegfegen, beginnt in den Kakaoplantagen nach dem Ende der Regenperiode die Haupternte. Je nach Jahreszeit sind die Beeren nach der Befruchtung unterschiedlich rasch reif: Zwischen vier und neun Monate kann es dauern. Vor der nächsten Regenperiode, im Mai, erfolgt dann jeweils die zweite kleinere Ernte.

Aus der geöffneten Frucht kratzen die Plantagenarbeiter das Fruchtfleisch samt den Kernen. Der Gärungsprozess (Fermentation) muss raschmöglichst beginnen, damit die kostbaren Bohnen nicht verderben.

Im weissen Fruchtfleisch eingebettet liegen bis zu 50 der begehrten Kakaobohnen. Sie enthalten das Alkaloid Theobromin. Es wirkt leicht anregend auf das Herz- und Nervensystem sowie auf die Harnausscheidungen.

Wichtige tropische Wirtschaftspflanze

Pro Jahr bringt ein Baum je nach Alter etwa zwei Kilogramm Samenkerne hervor. Ein so hoher Ertrag ist jedoch erst nach acht Jahren möglich und kann dafür bei idealer Pflege und guten Standortbedingungen noch vier bis fünf Jahrzehnte anhalten.

Eine Kakaoplantage ist ohnehin keine schnellebige Angelegenheit. Bei den neuen Hybridzüchtungen kann schon im fünften Jahr eine kleine Ernte erfolgen. Bis dahin wachsen die in Binsenkörben gezogenen Sämlinge gut behütet im Schatten ihrer «Mütter» auf. Die Indios mussten sich bei den damals wild wachsenden Sorten zehn Jahre in Geduld üben, bevor sie der Mühe Lohn ernten konnten. Es ist daher kaum verwunderlich, dass sie mit verschiedenen kultischen Handlungen versuchten, das Wohlwollen der Götter über ihre Pflanzungen zu locken.

2
3
1
4
5

Im Handel dominieren heute drei verschiedene Grundformen der Kakaopflanze: Criollo, Trinitario und Forastero. Ihnen können die verschiedenen, je nach Anbaugebiet leicht variierenden Kakaosorten zugeordnet werden. Der Kakaobaum, Theobroma cacao L., gehört zur Pflanzenfamilie der Sterkuliaceae (mit ca. 20 Arten). Eine besonders edle Bohne bringt die Criollo-Sorte hervor. Sie ist in ihren Ursprungsländern Ecuador und Venezuela häufig zu finden. Diese Sorten sind empfindlicher gegenüber Klimaschwankungen und in der Pflege als andere Arten. Zudem tragen sie weniger und später Früchte. Ihr Anbau lohnt sich: Die Bohnen sind mild und weisen ein besonders zartes Aroma auf. Sie machen allerdings nur zehn Prozent der gesamten Kakaoproduktion aus. Die Criollo-Bohnen werden gezielt für besonders edle Schokolademischungen verwendet. Trinitario heisst eine mittlere Qualität, die ursprünglich aus dem Osten Venezuelas nach Trinidad geholt und dort erfolgreich angepflanzt wurde. Die Früchte dieser Pflanzen sind in Form und Farbe je nach Standort (Ecuador, Venezuela, Indonesien und Trinidad) unterschiedlich. Mit Trinitario-Bohnen werden etwa 20 Prozent des Weltbedarfs abgedeckt.

Ertragreicher und weniger heikel sind die hauptsächlich in Westafrika wachsenden Forastero-Typen. Die Bohnen sind je nach Anbaugebiet bitterer und herber. Sie werden gezielt miteinander vermischt oder ihrer Eigenart entsprechend verarbeitet.

Auf bessere Qualität, höhere Erträge und Widerstandsfähigkeit werden durch gezielte Neuzüchtungen bessere Sorten angezogen. Solche Projekte sind in allen grossen kakaoproduzierenden Ländern Gegenstand intensiver Forschung.

Die Kakaobäume stellen an ihren Standort ganz spezielle Anforderungen. Als typische Pflanzen aus den tropischen Regenwäldern brauchen sie Wärme: Eine mittlere Jahrestemperatur von 21 Grad Celsius ist nötig. Nachttemperaturen unter 13 Grad Celsius verursachen bereits kleinere Schäden. Eine sehr hohe Luftfeuchtigkeit und nicht zuviel Wind sind weitere Bedürfnisse von Theobroma cacao. Damit sie wirklich gut gedeiht, muss der Boden viel Humus aufweisen, nährstoffreich und durchlässig sein.

Wertvolles Produkt Kakaobohne

Je nach Kakaosorte sehen auch die Bohnen unterschiedlich aus. Rundlich bis flach sind sie und können 1,5 bis 3 Zen-

So sehen die fermentierten und getrockneten Kakaobohnen bei ihrer Ankunft in die Verbraucherländer aus.

timeter lang werden. Die Criollo-Früchte sind weisslich-gelb, weil ihnen bestimmte Pigmentstoffe fehlen. Die Forastero-Bohnen wirken dagegen mit ihrer kräftig violetten Farbe viel exotischer.

Die Farben verändern sich während der Gärung, bei der das zuckerhaltige Fruchtfleisch zuerst zu Alkohol abgebaut wird und nachher zu Essigsäure oxidiert. Die dabei entstehende Wärme (ca. 50 Grad Celsius) verändert die innere Substanz und zerstört die Keimfähigkeit der Kakaobohnen. Die Fermentation erfolgt meistens an Ort und Stelle in der Plantage oder an bestimmten Sammelplätzen.

Das Material wird entweder zu Haufen aufgeschichtet, in Körbe gefüllt oder grossflächig ausgelegt. Je nach Anbaugebiet ist das Vorgehen verschieden. Meistens werden die Bohnen jedoch mit grossen Blättern zugedeckt und während der drei bis sechs Tage dauernden Gärung umgeschichtet. Während dieses Prozesses verliert die Bohne durch enzymatische Vorgänge einen Teil der Bitterstoffe. Dabei werden die Voraussetzungen geschaffen, damit sich später beim Trocknen und Rösten das typische Kakaoaroma entfalten kann. Die Criollo-Bohnen sind nach dieser Prozedur gelblich-braun, die Forastero-Bohnen werden violettbraun. Sie enthalten jedoch alle noch viel zuviel Wasser, nämlich bis zu 60 Prozent, und müssen getrocknet werden. Das ist in den Anbauländern dank den herrschenden Temperaturen nicht schwer. In dünner Schicht werden die Bohnen auf dem Boden oder auf Matten an die Sonne gelegt, regelmässig umgeschichtet und so getrocknet. Das dauert ungefähr eine Woche. In dieser Zeit wird die Braunfärbung noch intesiver, ebenso das Aroma. Die Verarbeitungskette im Anbauland ist jetzt beinahe beendet: Die Bohnen werden nur noch in Jutesäcke abgewogen und im Frachtraum riesiger Lastschiffe nach Europa und Nordamerika gefahren. Die leicht verderbliche Ware bleibt nicht lange in den Grosshäfen liegen. Moderne Lagermethoden sorgen für stets gleichbleibende Qualität.

Schokoladeverarbeitung um die Jahrhundertwende: nach wie vor grösstenteils Handarbeit.

Die Kakaobohnen auf dem Weg zur Schokolade

Die Sendungen aus dem heissen Süden werden in den verarbeitenden Betrieben sodann untersucht: Die Bohnen dürfen keine Qualitätsmängel durch schlechte Fermentierung oder Trocknung sowie Reiseschäden aufweisen. In grossen Silos werden die Kakaobohnen dann bei gleichbleibender Temperatur und Luftfeuchtigkeit gelagert.

Begleiten wir einen dieser braunen aromareichen Kerne auf seinem Werdegang zur Schokolade.

Ganz anonym verschwindet unsere Bohne in einer grossen Maschine zur Weiterverarbeitung. Nur der unverkennbare Duft von frisch geröstetem Kakao verrät, was in der grossen Fabrik hergestellt wird. Trunken vom herrlichen Geruch frischgerösteter Kakaobohnen, der in diesen mit modernsten technischen Einrichtungen ausgerüsteten Hallen vorherrscht, wähnt man sich in einer riesigen Pralinenschachtel ... Die Arbeitsabläufe sind optimal aufeinander abgestimmt. Wer den Konkurrenzkampf mit den unzähligen bunt verpackten und Genuss versprechenden Schokoladeprodukten des Markts bestehen will, muss unweigerlich mit der Zeit gehen.

Ein wichtiger Vorgang ist die Reinigung. Unsere Kakaobohne rollt über Siebe und wird von Bürsten so traktiert, dass auch die allerletzten unerwünschten Reste abfallen. Etwas durcheinandergebracht nähert sie sich dem letzten Sieb: Dort wird der Staub noch weggesaugt.

Ohne Verschnaufpause transportiert man sie weiter. Dann wird es heiss: Bei 130 Grad Celsius wird sie geröstet. Schliesslich soll aus ihr eine regelrechte Kakaobohne werden, und das geschieht während des 20 Minuten dauernden Vorganges: Sie entwickelt das typische Aroma. Die Temperaturen müssen, um gleichbleibende Resultate zu erzielen, bei den unterschiedlichen Qualitäten sehr genau eingehalten werden. Dies wird mit Hilfe von verschiedenen Regel- und Kontrollzentren erreicht. Kakaopulver braucht mehr Hitze, damit die gewünschte kräftige Aromabildung erfolgt. Für feine Schokolade dagegen müssen die Bohnen entsprechend weniger stark geröstet werden: Sie sollen milder und dezenter schmecken.

Die hohen Temperaturen bewirken zusätzlich noch, dass sich die Schale von der Bohne löst und das Schälen nachher leichterfällt.

Nun, aus unserer Bohne soll einmal eine Praline werden. Beinahe ganz ge-

schält, liegt sie schön mittelbraun geröstet da und riecht herrlich. Sie weiss nichts davon, dass der Weg direkt vom Röstofen ins Brechwerk führt und sie dort, wie es sich gehört, grob zerhackt wird.

Nochmals ein saugendes Geräusch: Die leichten Schalenteile werden abgezogen und in der chemischen Industrie zur Herstellung von Salben und Zäpfchen weiterverarbeitet.

Nun ist sie nicht mehr auszumachen, unsere Bohne. In viele kleine Stücke zerbrochen, verschwindet sie unter ihresgleichen.

Die grob gebrochenen Kakaobohnen der verschiedenen Qualitäten werden genau nach Rezept abgewogen und miteinander vermischt. Das Verhältnis der verschiedenen Sorten zueinander macht genau «die» Schokolade aus, die wir mögen und keine andere. Diese Firmenrezepte werden darum als wichtige Geheimnisse gehütet.

Das grobe Gemisch sieht jetzt allerdings eher nach zerhackten Kaffeebohnen als nach Schokolade aus. Der Kakaokernbruch durchläuft verschiedene Mühlen. Schliesslich werden die feinen Teile, über Walzen gepresst, zu einer feinen sämigen Masse vermahlen. Es fällt jetzt etwas leichter zu glauben, dass daraus einmal tatsächlich Schokolade werden soll. Die Masse enthält zu 50 Prozent Kakaobutter. Sie erwärmt und verflüssigt sich durch die Reibung beim letzten Verarbeitungsprozess und erstarrt beim Abkühlen wieder langsam.

Im Bild links ist zu sehen, wie die Walzen die Schokolademasse zusammenpressen. Rechts ist eine klassische Conche, wie sie Rodolphe Lindt (1855–1909) erfand, zu sehen.

Verfeinerungsprozesse sorgen für zarten Schmelz

Ein Teil der Masse gerät nochmals unter hydraulische Pressen, die ihr mit grossem Druck die Kakaobutter entziehen. Diese zählt zu den qualitativ hochstehenden Fetten. Sie wird auch für medizinische Zwecke verwendet. Grosse hellgelbe Blöcke von Kakaobutter warten bald darauf im Lagerraum auf neue Verwendung. Sie strömen ein intensives, jedoch mildes Aroma aus. Zurück bleibt der sogenannte Kakaokuchen, der noch 10 bis 20 Prozent Fett enthält. Er wird wieder stufenweise fein gemahlen und gesiebt. Ein weiteres Endprodukt liegt vor: dunkles aromatisches Kakaopulver. Oft wird ihm Zucker beigemischt, und es wird unter der Bezeichnung «gezuckertes Kakaopulver» angeboten. Beide Produkte dürfen nicht mit dem Schokoladepulver verwechselt werden, das sich im Aroma deutlich unterscheidet. Es enthält dem Namen entsprechend beinahe die gleichen Bestandteile wie Schokoladetafeln.

Kakaobutter zählt zu den hochwertigen Fetten.

Der andere Teil der Grundmasse wird in weiteren Mischwerken verfeinert und wird immer mehr zu dem, was wir Schokolade nennen.

Zu den zwei mittlerweile vorhandenen Grundstoffen Kakaomasse und Kakaobutter gehören jetzt noch Zucker und Milch.

Aus Kakaobutter, Zucker und Milch erhält man weisse Schokolade. Das richtige Quantum Kakaomasse zugemischt, ergibt dunkle Schokolade.

Wenn der Kakaomasse Zucker und Milch sowie zusätzlich noch Kakaobutter zugegeben werden, entsteht Milchschokolade.

Diese drei Schokoladetypen sind der Grundstock für die unzähligen Schokoladeriegel, «Schoggischtängeli», Pralinen, Schokoladetafeln mit oder ohne Füllungen, Schoko-Chips und wie alle diese Produkte heissen.

Die verschiedenen Zutaten werden mit Hilfe elektronischer Geräte in der richtigen Menge direkt in den Mischer gegeben und geknetet.

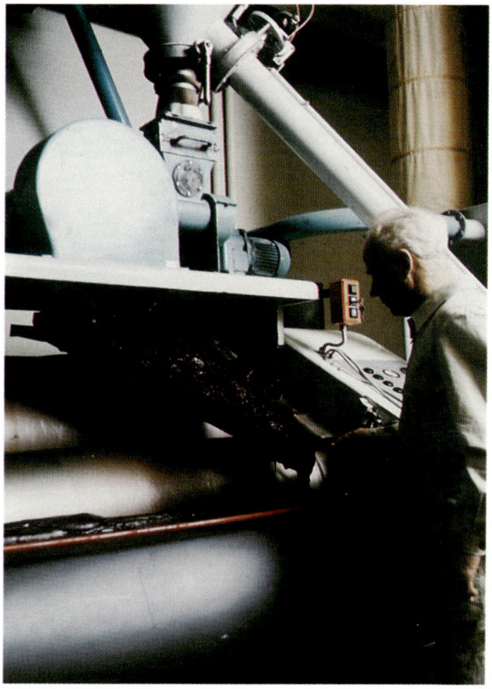

Das Mischungsverhältnis kann nicht von jeder Firma beliebig festgesetzt werden. In der Schweizerischen Lebensmittelverordnung sind obligatorische Grenzwerte festgelegt. Dunkle Schokolade muss mindestens 35 Prozent Kakaobestandteile enthalten; der Höchstanteil an Zucker beträgt 65 Prozent. Damit Milchschokolade ihren Namen verdient, müssen mindestens 14 Prozent Milch- und 25 Prozent Kakaobestandteile darin enthalten sein. 55 bis 61 Prozent entfallen auf den unentbehrlichen Zucker. Alle Schokoladearten müssen solchen Anforderungen genügen. Zutaten wie Milch, Honig, Zucker, Früchte müssen ebenfalls den Vorschriften der Lebensmittelverordnung entsprechen.

Weiter ist vorgeschrieben, dass auf der Packung alle Zutaten, eventuelle Konservierungsmittel usw. in der mengenmässig vorhandenen Reihenfolge aufgelistet werden. Die Haltbarkeit und der Hersteller sind anzugeben.

Zurück zur Schokolade: Bevor diese so zart auf der Zunge schmilzt, wie wir es gewohnt sind, gerät sie noch einige Male unter die Walze.

Zuerst werden die genau dosierten Zutaten geknetet. Die noch relativ groben Zucker- und Kakaoteile müssen unter Walzen mit grossem Druck zerkleinert werden. Dabei verengt sich die Spaltöffnung zwischen den Walzen. Das jeweils folgende Walzenpaar zieht durch schnellere Rotation die Masse durch den immer engeren Spalt. Das

feine Pulver weist schliesslich eine Korngrösse von etwa 30 Mikron auf, das ist der 30tausendste Teil eines Millimeters.

Die feinflockige Masse ist jedoch noch nicht homogen; die einzelnen Zutaten fliessen noch nicht ineinander.

Bei diesem Verarbeitungsstand ist die Schokolade noch zu bitter und nicht so aromatisch, wie wir es gewohnt sind.

Der klassische Fortgang der Schokoladeherstellung ist nun das Conchieren. In der sogenannten Conche, einem runden oder rechteckigen Trog, wird die Schokolademasse in gleichbleibendem Rhythmus kontinuierlich gemischt. Sie wird auf 80 Grad Celsius erhitzt: Das Aroma entfaltet sich voll, und die verschiedenen Zutaten verbinden sich (homogenisieren). Die Bitterstoffe bauen sich langsam ab. Je nach Rezept und Vorgehen kann das Conchieren bis zu vier Tage dauern. In den klassischen rechteckigen Conchen, die an Rodolphe Lindts Prototyp erinnern, können 100 bis 1000 Kilogramm Schokolademasse verarbeitet werden. Die Rundconchen fassen bis zu 9 Tonnen des braunen Gemischs.

Die Homogenisierung der Schokolade und das Verflüchtigen der Bitterstoffe erfolgt nicht mehr in allen Betrieben gleichzeitig. Die Aufteilung in zwei verschiedene Prozesse ermöglicht Zeit- und Energieeinsparungen.

Bei der Homogenisierung legt sich eine flexible Schicht weicher Kakaobutter um jedes winzige Schokoladeteilchen. Die dadurch entstandenen Körper verbinden sich dank der Elastizität der Kakaobutter miteinander und verschmelzen bei der Berührung mit der warmen Zunge.

Mit Knopfdruck in die Endphase

Am Schaltpult wird nun die fertige Schokolade an ihren Platz dirigiert. Direkt aus der Conche führen die Rohrleitungen entweder unmittelbar zu den Giessmaschinen, die mit höchster Präzision Schokoladetafeln, Pralinen, Stengel usw. «ausspucken», oder zur kurzfristigen Lagerung in geheizte Behälter, worin die Masse flüssig bleibt.

Ware, die für späteren Gebrauch bestimmt ist, wird in grosse Blöcke gegossen und in Kühlbehältern gelagert.

Sie muss vor der Verwendung wieder bei 50 Grad Celsius erwärmt und auf 32 Grad langsam abgekühlt werden. Erst dadurch erhält sie wieder eine gleichmässige Vermischung und den erwünschten Geschmack.

Schokolade- und Kakaomassen in diesem Verarbeitungsstadium werden in den Konditoreien unter dem Namen «Couverturen» als Ausgangsstoff für Füllungen, zum Überziehen von Patisserien und zur Herstellung verschiedener Spezialitäten, die häufig noch einen Teil Handarbeit erfordern, verwendet. Mohrenköpfe, Caramel-Bouchées, mit Schokolade überzogene Nüsse und noch viele andere Naschereien wären ohne den braunen Überzug nicht das, was unseren Gaumen verwöhnt.

Weitere wichtige Abnehmer der grossen Couverturen-Blöcke sind die Speiseeis-Industrie sowie Bisquitfabriken.

Aus unserer Frühstücksmilch nicht mehr wegzudenken sind die verschiedenen Getränkepulver, die vorwiegend auf der Basis von Zucker und Kakao hergestellt werden.

Langsam wird verständlich, was aus der über 1 000 000 Tonnen Weltkakaoproduktion wird. In vielen Nahrungsmitteln ist heute Kakao oder Schokolade in irgendeiner Form vorhanden. Als Konsumenten haben wir uns an den Geschmack gewöhnt. Allerdings erst dann, wenn wir eine Schokoladetafel auspacken und Täfelchen für Täfelchen im Mund zergehen lassen oder wenn wir uns einen Schokoladestengel zu Gemüte führen, haben wir das Gefühl, Schokolade zu essen. Die meisten Produkte werden in guter Qualität maschinell hergestellt.

Eindrucksvolle Formenvielfalt

Unaufhörlich laufen die Förderbänder unter der Giessmaschine durch, und die Formen für Milchschokoladetafeln füllen sich. Damit sich die Masse regelmässig verteilt und die beim Eingiessen entstandenen Luftbläschen an die Oberfläche aufsteigen können, werden die Formen über die Klopfbahn geführt und regelmässig gerüttelt. Danach gelangen sie wie von Geisterhand geleitet in den Kühlraum.

Der Maschinenführer amüsiert sich: Der Besuch kommt nicht aus dem Staunen heraus. Man bekomme schon ein besonderes Verhältnis zur Schokolade, meint er. Jedenfalls könne man rasch zwischen «guter» Schokolade und Restverwertung unterscheiden.

In der Kühlanlage sind die Tafeln inzwischen soweit abgekühlt, dass sie

Kakao als Grundstoff für unzählige Nahrungsmittel begegnet uns in den verschiedensten Variationen, wie auf dem Bild ersichtlich ist. Schon 1840 wurden Figuren aus Schokolade hergestellt. Als Beweis dafür ein damals verfasstes Gedicht:

«Mit der Pistol', liebst du mich nicht,
End ich mein junges Leben.» –
Was Jakob zu Susanne spricht,
Sie hört es mit Erbeben.
Schon legt er an. Sie jammert: «Gnade, Gnade.»
«Sei nur nicht ängstlich, die Pistol'
Ist nur von Schokolade.»

CACAO
HOLLANDAIS
BENSDORP
AMSTERDAM
(HOLLANDE)

mit einem sanften Schlag aus den Formen gekippt, weitertransportiert und in Sekundenschnelle verpackt werden.

Nach dem soeben beschriebenen Verfahren stellt man auch Schokoladetafeln mit Honig, Nüssen, Dörrfrüchten usw. her. Die Zutaten kommen kurz vor dem Eingiessen dazu.

Komplizierter und zeitaufwendiger ist der Prozess bei gefüllten Schokoladetafeln. Es wirkt beinahe komisch, wenn die Formen nach dem ersten Ausgiessen sofort gewendet werden, damit die Vertiefungen für die Füllung wieder leer sind. Die zurückbleibende dünne Hülle muss darauf durch den Kühlraum, kommt zurück, und in die kleinen Hohlformen fliesst nun die Füllung. Erneut werden die halbfertigen Tafeln gekühlt, und endlich kann der Deckel, der spätere Boden, aufgegossen werden. Vor dem Verpacken kommt wieder der obligate Gang durch die Kälte, und schon liegen nach kurzer Zeit fertig verpackte, mit Marzipan oder ähnlichem gefüllte Schokoladetafeln vor.

Es ist erstaunlich, wie schnell die verschiedenen Arbeitsabläufe vor sich gehen. Die Verpackungsautomaten wikkeln in einer Minute bis zu 150 Schokoladetafeln in Aluminiumfolie ein, verschliessen sie hermetisch und bringen noch die äusserlich sichtbare Verpakkung aus bedrucktem Papier an. Vor Ostern und Weihnachten sind in den Schokolade verarbeitenden Betrieben die typischen Figuren aktuell. In Reih und Glied stehen jeweils Hasen, Küken, Tannenzapfen, Kugeln, und auch der Sankt Nikolaus ist in weisser, brauner oder dunkler Schokolade produziert worden.

Ähnlich wie die Schokoladetafeln werden die klassischen Hohlformen ausgegossen: Jede Hälfte wird mit einer Schicht belegt und abgekühlt. Danach müssen nur die Ränder kurz erwärmt und aneinandergepresst werden. Ganze

In solchen Hohlformen werden die an Ostern unerlässlichen Hasen gegossen. Durch Schleudern verteilt sich die flüssige Schokolade gleichmässig auf die Wandung.

Formen (Eier, Christbaumschmuck usw.) werden im Schleudergussverfahren «beschichtet». Durch ein Loch fliesst die warme Schokolademasse ein. Damit sich das Material gleichmässig verteilt, wird die Form danach sofort geschleudert (schnell gedreht). Die Schokoladehüllen können nach dem Abkühlen gefüllt werden. Das Einflussloch wird am Schluss mit wenig flüssiger Schokolade «gestopft».

Aufwendiger ist die Produktion von Pralinen. Sie erfolgt entweder nach dem gleichen Prinzip wie bei den Tafeln durch Ausgiessen von kleinen Förmchen, Füllen und Decken, oder durch Ausstanzen oder Ausschneiden des Innenteils (Kerns) und Überziehen. Bei vielen Pralinensorten kommt ausserdem das Verzieren dazu mit Nüssen, Fruchtstückchen, Zuckerguss, verschiedenen Mustern mit zum Teil andersfarbiger Schokolade.

Für ungetrübte Gaumenfreuden

Wie bereits erwähnt, ist es das Mischungsverhältnis der verschiedenen Kakaobohnensorten, welches das Aroma der Schokolade ausmacht. Weil der Geschmack eben etwas sehr Persönliches ist, wäre es müssig, eine Mischung als die beste zu bezeichnen. Abgesehen vom Aroma lässt sich jedoch die Qualität in bezug auf Frische und Hochwertigkeit der verarbeiteten Produkte mit einigen einfachen Mitteln erkennen. Oberflächlich ist ein seidener Glanz ohne störende, manchmal weiss umrandete Flecken ein erstes, jedoch nicht untrügliches Zeichen für gute Schokolade.

Beim Abbrechen eines Stückchens muss es hart knacken, und die Kante soll nicht zerbröckeln, sondern sauber bleiben. Ein weiteres Mittel zur Prüfung ist unser Geruchssinn: Die Schokolade muss ihren Duft voll entfalten. Sie darf auf keinen Fall das Gefühl von Klebrig-

Nicht ohne Grund bedeutet das Wort «süss» in unserem Sprachgebrauch gleichzeitig auch hübsch und niedlich. Spielende, zufriedene, hübsche Kinder und Schokolade waren jedenfalls schon immer beliebte Motive für Werbeplakate.

keit aufkommen lassen, wenn man an ihr riecht. Isst man schliesslich das gebrochene Stück, wird deutlich, was es mit der Qualität auf sich hat. Klebt ein Riegel Schokolade am Gaumen oder zwischen den Zähnen, ist es mit dieser Schokolade nicht weit her. Eine qualitativ gute Schokolade schmilzt wie Butter und entfaltet, der Körperwärme ausgesetzt, ein zartes Aroma.

Seit auf den Nahrungsmitteln die Verfalldaten aufgedruckt sind, bieten sie einen Anhaltspunkt über die Haltbarkeit. Bei der Schokolade trägt allerdings eine falsche Lagerung wesentlich zur Qualitätsverminderung bei. Kühl und trocken muss sie aufbewahrt werden. Allerdings ist der Kühlschrank nicht unbedingt der richtige Ort dazu. Sie verliert dort einen Teil ihres typischen Glanzes, und für den Gaumen entwickelt sie das gewünschte Aroma nur, wenn sie vor dem Verzehr temperiert wird. Auch das ist nur eine Nothilfe, denn Schokolade verträgt Temperaturschwankungen nur sehr schlecht. Sie wirken sich direkt auf den Geschmack aus. Schokolade sollte auch vor Licht geschützt werden. Darum mögen viele Leute ihre Schokoladehasen nach einiger Zeit nicht mehr, wenn sie diese als Dekoration, womöglich noch in der Nähe eines Fensters, aufgestellt hatten.

Schokolade, die bei einem Mittelwert von 14 bis 18 Grad Celsius gelagert wird und weder grosser Feuchtigkeit noch dem Licht ausgesetzt ist, kann weit über das Verfalldatum hinaus genossen werden. Auch ein sogenannter «Fettreif», ein mehr oder weniger regelmässiger weisser Schimmer, zeigt noch nicht an, dass die Ware verdorben ist. Es handelt sich dabei meistens um Entmischungserscheinungen, wenn Schokolade erhöhten Temperaturen ausgesetzt war. Feine Reste geschmolzener Kakaobutter sind wieder erkaltet und erstarrt.

Genuss- oder Nahrungsmittel?

Kurz nach dem Zweiten Weltkrieg war die Ansicht weitverbreitet, Schokolade sei besonders für kleine Kinder ein regelrechtes Stärkungsmittel. Vermutlich haftete dem Genussmittel der Reichen noch immer etwas Besonderes an. Anderseits sind in der Kakaobohne tatsächlich verschiedene wertvolle Nährstoffe enthalten: hochwertige pflanzliche Fette (50–60 %), Rohprotein (14,1 %), verschiedene pflanzliche Stoffe, Stärke (8,8 %), Theobromin, Coffein und Wasser (5–6 % in der Trockensubstanz).

In einer Tafel Milchschokolade (100 Gramm) finden wir neben dem hohen Anteil an Kohlehydraten (Zukker) von über 50 Gramm die nachfolgend aufgeführten Nähr- und Mineralstoffe, Spurenelemente sowie die Vitamine A, B_1, B_2, C, D, E.

Nährstoffe	
Proteine (Eiweisskörper)	7–8 g
Lipide (Fette)	32–33 g
Lecithin (wichtiger fettähnlicher Stoff)	0,3 g
Alkaloide (Theobromin/Coffein)	0,2 g
Mineralstoffe	
Calcium	220 mg
Magnesium	50 mg
Phosphor	210 mg
Spurenelemente	
Eisen	0,8 mg
Kupfer	0,4 mg

Heute verleihen Müesli-Mischungen in Snacks, Dörrobst und verschiedene Getreidezusätze den Tafeln und Riegeln aus Schokolade einen «gesunden» Aspekt. Er entspricht einerseits dem Trend und hilft anderseits, die Kritik wegen des hohen Zuckergehaltes in der Schokolade und in verwandten Nahrungs- und Genussmitteln etwas im Hintergrund verschwinden zu lassen. Für den Konsumenten bleibt in Anbetracht der grossen Präsenz dieser süssen Verführer nur die Flucht nach vorn: Er muss selber bestimmen, wieviel und was er aus dem Riesensortiment für sich in Anspruch nehmen will.

Der Kakaoanbau auf der ganzen Welt beschränkt sich auf Gebiete in der Nähe des Äquators. Sie werden beidseitig durch die Wendekreise begrenzt. Diese Zonen zeichnen sich durch ein feuchtes, windarmes Klima aus, ohne extreme Temperaturschwankungen. Die Grösse der Tupfen lässt im Verhältnis auf die Ausdehnung der Anbaugebiete schliessen.

eone
Liberia
einküste
Ghana
Togo
Nigeria
Kamerun
São Tomé
Gabun
Kongo
rasilien
Madagaskar

Rezepte: Getränke

Montezuma-Drink

Zutaten

70 g dunkle Schokolade
½ Liter Milch
2 EL Honig
1 TL Zitronenschale, gerieben
Piment, Ingwer

Zubereitung

Die Schokolade bei niedriger Hitze in der Milch auflösen und kühl stellen. Die kalte Schokolade im Mixer mit dem Honig, der abgeriebenen Zitronenschale und je einer Messerspitze von den Gewürzen mischen. Kühl servieren. Nach Geschmack kann ein Gläschen Rum oder Arrak zugegeben werden.

Kakao

Zutaten

1 Liter Milch
40 g Kakaopulver
Rohzucker

Zubereitung

In einigen Esslöffeln Milch den Kakao anrühren. Die restliche Milch erhitzen und das Kakaogemisch dazugeben. Nach Geschmack süssen und je nach Jahreszeit heiss oder abgekühlt servieren.

Trinkschokolade

Zutaten

100 g dunkle Schokolade
1 Liter Milch
Schlagrahm
Zucker

Zubereitung

Die Schokolade zerbröckeln und mit der Milch auf kleinem Feuer auflösen. Ungesüsst auftischen und Zucker sowie flüssigen oder steifgeschlagenen Schlagrahm dazugeben.

Tip: Einen besonderen Geschmack erhält die Schokolade, wenn nach spanischer Art eine Messerspitze Zimt und ein kräftig geschlagenes Eigelb am Schluss unter ständigem Rühren beigegeben wird.

In Russland verleiht ein grosszügiger Schuss Weinbrand pro Glas das gewünschte Aroma. In den USA dagegen wird die Milch durch vier Esslöffel Wasser (Schokolade darin auflösen) und Coca-Cola ersetzt.

VAN HOUTEN
CACAO
VAN
HOUTEN

Feierabend-Drink

Zutaten

¾ Liter Orangensaft
6 EL Kakaopulver, kaltlöslich
4 Kugeln Schokoladeneis
Schlagrahm
Schokoladenstreusel

Zubereitung

Den gekühlten Orangensaft mit dem Kakao gut vermischen. In jedes Glas eine Eiskugel geben, mit dem Orangensaftgemisch übergiessen und mit dem Schlagrahm sowie den Streuseln garnieren.

Schoko-Cocktail

Zutaten

100 g Crémant-Schokolade, geschmolzen
2 Eier
6 dl Milch
4 Kugeln Schokoladeneis
4 Kugeln Vanilleeis
kaltes Sodawasser

Zubereitung

Die Gläser im Eisfach vorkühlen. Zur flüssigen Schokolade die Eier, die Milch und das Schokoladeneis geben. Alles kurz mit dem Mixer verquirlen. Die Gläser füllen, in jedes noch eine Kugel Vanilleeis geben und eisgekühlt servieren.

Rezepte: Biscuits

Florentiner

Zutaten

125 g Mandelsplitter
40 g Orangeat, gehackt
40 g Zitronat, gehackt
40 g glasierte Kirschen, gehackt
120 g Zucker
2 EL Butter
1,25 dl Rahm
2 EL Mehl

Glasur

120 g dunkle Schokolade
2 EL Wasser

Zubereitung

Alle Zutaten bis auf das Mehl in eine Pfanne geben, vermischen und unter häufigem Rühren 3 Minuten auf kleinem Feuer kochen. Das Mehl darübersieben und die Masse mischen. Mit 2 Teelöffeln kleine Häufchen auf Backpapier formen (grosse Abstände) und flachdrücken. Bei guter Hitze (200 Grad) während 5–8 Minuten in der Mitte des vorgeheizten Ofens backen. Die heissen Florentiner mit einem grossen, runden Ausstecher rund formen und das Papier vom Blech ziehen. Die Florentiner auskühlen lassen, vom Backpapier lösen und die flache Seite in die mit 2 Esslöffel Wasser im warmen Wasserbad (nicht zu heiss) geschmolzene Schokolade tunken. Die Schokoladenseite nach oben legen, mit einer Gabel Wellenlinien ziehen und den Belag fest werden lassen.

Pfefferminzplätzchen

Zutaten

1 Eiweiss
einige Tropfen Pfefferminzextrakt
300 g Puderzucker
100 g dunkle Schokolade, gehackt

Zubereitung

Das Eiweiss steifschlagen und den Pfefferminzextrakt dazugeben. Sorgfältig 280 g Puderzucker einarbeiten. Mit dem restlichen Puderzucker die Arbeitsfläche bestäuben und den Teig 5 mm dick darauf auswallen. Formen von etwa 4 cm Durchmesser ausstechen, auf Backpapier absetzen und über Nacht trocknen lassen.

Die gehackte Schokolade schmelzen und die Plätzchen zur Hälfte damit bepinseln. Die Biscuits auf Pergamentpapier nochmals trocknen lassen.

Schokoladekugeln

Zutaten

3 Eier
300 g Zucker
200 g Schokoladepulver
300 g Mandeln, gerieben
2 EL Maizena (Maispuder)

Zubereitung

Die Eier, den Zucker sowie das Schokoladepulver in eine Schüssel geben und schaumig rühren. Die Mandeln und das Maizena dazumischen. Den Teig während mindestens ½ Stunde kühl stellen, bis er fest ist. Aus dem kalten Teig kleine Kugeln (zirka 1,5 cm Durchmesser) formen. Diese auf ein Blech geben, 8–10 Stunden trocknen lassen oder 2 Stunden in den Tiefkühler stellen. Bei sehr guter Hitze (230 Grad) 4 Minuten in der Mitte des vorgeheizten Ofens backen. Die Schokoladekugeln springen ganz wenig auf.

Hietzinger Plätzerl

Zutaten

250 g Mehl
100 g Zucker
1 Prise Salz
150 g Butter
2 EL Kakaopulver
1 Ei
50 g Mandelstifte

Zubereitung

Das Mehl, den Zucker sowie das Salz in eine Schüssel geben und gut mischen. Die Butter in kleine Stücke schneiden, darüberlegen und mit dem Rest zerreiben. Das Kakaopulver, das Ei und die Mandelstifte daruntermischen. Den Teig sorgfältig zusammenfügen. Davon eine Rolle von etwa 4 cm Durchmesser formen und während 10 Stunden kühl stellen; man kann sie auch für 2 Stunden in den Tiefkühler geben. Von der Rolle 3 cm dicke Scheiben schneiden. Bei Mittelhitze (180 Grad) 6 Minuten in der Mitte des vorgeheizten Ofens backen.

Rezepte: Kuchen

Weisser Teufelskuchen

Wer nicht weiss, was unter der weissen Glasur versteckt ist, wird kaum auf den ersten Blick einen Schokoladekuchen darunter vermuten …

Zutaten

180 g Butter
180 g brauner Zucker
2 Eier
180 g Honig
1,5 dl Milch
50 g Haselnüsse, feingemahlen
180 g Mehl
50 g Kakaopulver
2 gehäufte Messerspitzen Backpulver

Glasur

1 Eiweiss
180 g Puderzucker
1 EL Zucker
1 Spritzer Zitronensaft
1 Prise Salz

Zubereitung

Die zerlassene Butter und den Zucker gut vermischen. Unter ständigem Rühren die Eier langsam beigeben. Den Honig, die Milch und die Haselnüsse beimischen und das Mehl sowie das Kakaopulver und das Backpulver dazusieben. Alles nochmals gut vermischen und in einer ausgebutterten und mit Backpapier belegten Form während 90 Minuten bei etwa 150 Grad backen.

Die Glasur wird erst unmittelbar vor dem Gebrauch gemischt. Der Esslöffel Zucker wird in 2 Esslöffel warmem Wasser aufgelöst. Alle Zutaten geben wir in ein Wasserbad und schlagen sie dort, bis die Masse fest geworden ist. Unter stetigem Rühren abkühlen und mit einem Kuchenschaber oder mit einem breiten Messer über den ganzen Kuchen verteilen.

Schokoroulade mit Nüssen

Zutaten

6 Eier
150 g Zucker
150 g Mehl
80 g Butter
100 g dunkle Schokolade, feingerieben
1 Prise Salz

Füllung

3 dl Vollrahm
1 TL Zucker
1 Messerspitze Zimt
4 EL Baumnüsse, feingemahlen

Zubereitung
Die Eigelbe in eine Schüssel geben, den Zucker zufügen und beides im heissen Wasserbad rühren, bis eine cremige helle Masse entsteht. Das Mehl darübersieben, mit der feingeraspelten Schokolade überstreuen und die flüssige lauwarme Butter dazugeben – noch nicht rühren. Die Eiweiss mit einer Prise Salz ganz steif schlagen. Ein Drittel davon vorsichtig (mit dem Mehl und der Schokolade) unter den Teig rühren. Sorgfältig noch den Rest Eischnee dazugeben und die Biscuitmasse auf ein gut eingebuttertes Backpapier in ein viereckiges grosses Backblech leeren. in dem auf 180 Grad vorgeheizten Ofen während 10 Minuten backen. Das Biscuit sofort auf ein mit Zucker bestreutes Tuch stürzen, das Papier mit kaltem Wasser überpinseln und wegziehen. Den Teig sofort wieder mit dem Blech zudecken, damit er elastisch bleibt und so auskühlen lassen.

Füllung
Den Vollrahm steif schlagen und die restlichen Zutaten vorsichtig darunterrühren. Die Füllung auf dem Biscuit verteilen und dieses sorgfältig aufrollen. Die Roulade mit Klarsichtfolie einpacken und einige Stunden im Kühlschrank lagern (lässt sich besser schneiden).

Vor dem Servieren mit wenig Puderzucker bestreuen.

Truffes-Torte

Zutaten

150 g Butter
200 g Zucker
6 Eier
200 g Schokoladepulver
1 Prise Salz
¼ TL Backpulver
80 g Mehl
20 g Haselnüsse, feingemahlen

Schokolade-Überzug

200 g dunkle Schokolade
2 dl Vollrahm

Zubereitung
Die Butter weichrühren und den Zucker sowie die Eigelbe dazugeben. Weiterrühren, bis die Masse hell ist und dann das Schokoladepulver untermischen. Das Mehl darübersieben und mit den Haselnüssen bestreuen. Das Salz und das Backpulver zu den Eiweiss geben, ganz steif schlagen und zwei Drittel davon mit dem Mehl und den Haselnüssen unter die Masse mischen, mit dem Schaber den Rest Eischnee sorgfältig unter den Teig mischen.

Eine Kuchenform von etwa 24 cm Durchmesser am Boden mit Backpapier belegen, den Rand gut einfetten und mehlen. Den Teig einfüllen und bei 160 Grad im vorgeheizten Ofen 50 Minuten backen. Die Tür öffnen und die Torte in der Form weitere 50 Minuten im Ofen stehenlassen.

Schokolade-Überzug
Die Schokolade zerbröckeln und zusammen mit dem Vollrahm unter ständigem Rühren auflösen. Die Masse etwas auskühlen lassen und grosszügig damit die Torte überziehen. Der Rest kann in den Spritzsack gegeben und für die Garnitur verwendet werden.

Wiener Sachertorte

Die Wiener Sachertorte ist wohl die berühmteste Torte der Welt: Jedenfalls ist sie überall ein Begriff. Wohl deshalb, weil alle Rezepte, wie auch das nachfolgende, nur eine Annäherung an das Original sind, welches nach wie vor vom Hause Sacher in Wien gut gehütet wird.

Zutaten

150 g Butter
150 g Puderzucker
150 g dunkle Schokolade, feingeraffelt
4 Eier
150 g Mehl
20 g Zwiebackbrösel
1 EL starker Kaffee
5 EL Aprikosenkonfitüre
1 Schuss Kirschwasser

Überzug

1 dl Vollrahm
1 EL Rum
100 g dunkle Schokolade, feingerieben

Zubereitung
Die Butter mit dem Puderzucker cremig rühren. Die Schokolade mit einem Esslöffel warmem Wasser im Wasserbad auflösen und langsam dazurühren. Die Eigelbe einzeln dazumischen, das Mehl über die Masse sieben, die Zwiebackbrösel darüberstreuen. Kirschwasser dazugeben und mit einem Drittel des steifgeschlagenen Eiweisses zudecken. Das Ganze vorsichtig mischen und zuletzt auch den Rest Eischnee zugeben. Eine Kuchenform von etwa 20 cm Durchmesser einfetten und mit Mehl bestreuen. Den Teig hineinleeren und bei 180 Grad knapp eine Stunde backen.

Den Kuchen noch 10 Minuten in der Form stehenlassen und dann auf einem Kuchengitter zum Auskühlen stellen.

Den erkalteten Kuchen waagrecht in der Mitte durchschneiden. Die Unterseite mit dem Kaffee beträufeln, mit gesiebter Aprikosenkonfitüre bestreichen und wieder aufsetzen. Oben und seitlich mit der restlichen Aprikosenkonfitüre bestreichen.

Überzug
Den Vollrahm (nicht uperisierten verwenden) kurz erhitzen, die geriebene Schokolade hineingeben und rühren, bis die Masse cremig wird. Leicht abkühlen lassen, den Rum zugeben, über den Kuchen giessen und erstarren lassen.

Rezepte: Creme und Eis

Schokoladeneis

Zutaten

100 g dunkle Schokolade, gehackt
3 EL Rahm
4 Eigelb
60 g Zucker
30 g Milchschokolade, feingehackt
2,5 dl Rahm

Zubereitung

Die dunkle Schokolade mit den 3 Esslöffeln Rahm im Wasserbad schmelzen. Die Masse abkühlen lassen, in der Zwischenzeit die 4 Eigelbe mit dem Zucker schaumig rühren und zusammen mit den Milchschokoladestücklein zugeben. Den Rahm steif schlagen, vorsichtig unter die Masse mischen. Diese kann in einer Eiscrememaschine weiterverarbeitet oder in einem geeigneten Behälter im Tiefkühler (auch im Eiswürfelfach) eingefroren werden. Bei der letzteren Variante sollte das halbgefrorene Eis im Abstand von 30 Minuten etwa vier Mal wieder gut vermischt werden. Es bildet andernfalls grosse Eiskristalle und bröckelt ab.

Tip: Anstatt Milchschokoladestückchen können auch zerkleinerte Orangenschnitze, zerbröckelte Walnüsse, Birnenstückchen usw. beigemischt werden.

Feinschmecker-Creme

Zutaten

250 g dunkle Schokolade
20 g Butter
150 g Zucker
2,5 dl Milch
4 Eier
1 EL Stärkemehl
2 TL Pulverkaffee
Schlagrahm

Zubereitung

Das Stärkemehl und den Pulverkaffee in einigen Esslöffeln kaltem Wasser auflösen.

Die zerbröckelte Schokolade mit der Butter und dem Zucker über kleinem Feuer auflösen. Die vier verquirlten Eigelb unter kräftigem Rühren dazugeben. Das Stärkemehl- und Pulverkaffeegemisch ebenfalls daruntermischen und die Masse abkühlen lassen. Wenn sie ganz erkaltet ist, die 4 steif geschlagenen Eiweiss darunterziehen und nach Geschmack mit einem Schuss Kirsch parfümieren.

Die Creme kühl stellen, den Schlagrahm schlagen und separat dazu servieren.

Mohrenkopf

Zutaten

140 g Crémant-Schokolade
¼ Liter Wasser
50 g Butter
120 g Zucker
4 Eier
Schlagrahm nach Belieben

Zubereitung

Die Schokolade in das warme Wasser zerbröckeln, zusammen aufkochen, bis eine dickliche Sauce entsteht, und rühren, bis diese abgekaltet ist. Die flüssige Butter, den Zucker und die Eigelbe zusammen schaumig rühren und zur Schokolandesauce mischen. Den sehr steif geschlagenen Eischnee darunterziehen und das Ganze in einer gut ausgebutterten Form 15 Minuten im Wasserbad kochen. Abkalten lassen, stürzen und nach Geschmack mit Schlagrahm garnieren.

Marmorschaum

Zutaten

250 g Rahmquark
2 EL Zucker
1 dl Rahm
6 EL gebrochene Haselnüsse
2 EL Rohzucker
½ TL Zimt
3 Birnen
80 g Vollmilchschokolade
Borkenschokolade

Zubereitung

Den Rahmquark mit dem Zucker mischen und den steifgeschlagenen Rahm dazugeben. Die gebrochenen Haselnüsse (evtl. gebrochene Baumnüsse) mit dem Zucker und dem Zimt vermischen. Die Birnen schälen und in Schnitze schneiden; nur kurz in wenig Wasser mit etwas Zucker aufkochen und erkalten lassen. Abwechslungsweise mit der Quarkcreme, den Nüssen, den Birnenschnitzen und der fein geraspelten Schokolade in eine Glasschüssel füllen. Mit der Borkenschokolade oder mit Obst verzieren.

Rezepte: Saucen

Wiener Schokoladen

Zutaten

200 g Crémant-Schokolade
150 g Zucker
1 dl Wasser
1 dl Rahm

Zubereitung

Die Schokolade in kleine Stücke brechen. Mit dem Zucker und dem Wasser zum Kochen bringen und langsam aufkochen. Den Rahm unter Rühren zugeben und bei geringer Hitze (weiterrühren) cremig werden lassen. Die Sauce heiss über Eiscreme, Früchte oder einen süssen Auflauf geben. Kalt kann sie zu Vanillepudding gereicht werden.

Tip: Dieser Sauce kann nach Geschmack ein Schuss Apricot Brandy oder Himbeergeist, Nusslikör, Kirschwasser usw. beigegeben werden.

Schokofrüchte

Zutaten

750 g Trauben, Erdbeeren, Ananasstückchen, Bananenrädchen, Birnenschnitze usw.
150–200 g Halbbitterschokolade

Zubereitung

Die Früchte waschen (Stiele nicht entfernen), auf einem Tuch ausbreiten und trocknen lassen. Werden die Früchte abgekühlt serviert, kann auf kleinem Feuer die Schokolade (2 EL Wasser zugeben) geschmolzen und die Früchte zu zwei Drittel eingetaucht werden. Auf Pergamentpapier absetzen und trocknen lassen.

Eine andere Variante: Bei kleiner Flamme auf dem Rechaud die Schokolade warm halten, die Anwesenden tunken die Früchte am Tisch selber in die flüssige Schokolade. Kurz abkühlen lassen und geniessen.

Tip: Schokofrüchte eignen sich auch sehr gut als Dekoration von Früchtekaltschalen, Obsttorten usw.

Weisse Schokoladensauce mit Nüssen

Zutaten

200 g weisse Schokolade
2,5 dl Rahm
1–2 EL Walnüsse, kleingehackt

Zubereitung

Die Schokolade wird in kleine Stücke gebrochen, mit der Sahne aufgesetzt und bei geringer Hitze unter Rühren aufgelöst. Die Walnüsse zugeben und eventuell mit einem Schuss Crème de Cacao parfümieren.

Tip: Anstatt Walnüsse können Haselnüsse, Pinienkerne oder Mandeln verwendet werden. Diese Sauce kann zu Eiscreme, Cakes-Schnitten oder Früchten serviert werden.

Feinschmecker-Brotaufstrich

Zutaten

50 g Butter
1 EL Kakaopulver
2 TL Orangensaft
3 EL Honig
1 EL Puderzucker
50 g Nüsse, gehackt

Zubereitung

Die Butter mit dem Kakaopulver und dem Orangensaft cremig rühren. Die restlichen Zutaten dazumischen, und der Aufstrich ist schon fertig. Er kann auf frisches Brot, auf Gebäck gestrichen oder als Omelettenfüllung verwendet werden.

Tip: Die Nüsse können durch feingehackte gedörrte Früchte ersetzt werden.

Wichtige Hinweise für die Verwendung von Kakaoprodukten

Blockschokolade oder Kochschokolade kann immer zum Kochen, Backen und Dekorieren verwendet werden. In der Regel ist ein Teil der Kakaobutter durch Palmkernöl oder Kokosnussöl ersetzt worden, um das Produkt preisgünstiger anbieten zu können.

Milchschokolade sollte nur selten zum Kochen gebraucht werden. Sie verfügt nicht über einen ausreichenden Eigengeschmack, ist also nur dort geeignet, wo das typische Schokoladenaroma nicht erwünscht ist.

Couverture wird hauptsächlich in den Konditoreien verwendet. Es handelt sich dabei um eine sehr sämige glänzende Schokolade, die viel Kakaobutter enthält.

Weisse Schokolade ist sehr süss und darf nicht zu lange bei hoher Temperatur warm gehalten werden, weil sie körnig wird.

Crémant-Schokolade weist einen vorzüglichen, etwas herben Geschmack auf, ohne bitter zu sein. Sie eignet sich sehr gut zum Kochen.

Halbbitter und Bittere Schokolade Diese zwei Sorten sind dem Namen entsprechend mehr oder weniger bitter und weisen ein kräfiges Aroma auf. Gewöhnliche Koch- oder Milchschokolade kann durch die Zugabe (1 Teelöffel pro 50 g) von ungesüsstem Kakaopulver bitter gemacht werden.

Kakao- und Schokoladepulver sollten zum Kochen oder Backen nicht mit anderen Produkten auf Kakaobasis verwechselt werden. Um Klümpchen zu vermeiden, kann das Pulver jeweils in heissem (nicht kochendem) Wasser angerührt werden.

Geschmolzene Schokolade kann am einfachsten wie folgt zubereitet werden: Die verbröckelte Schokolade in eine Schüssel über einem Kochtopf mit kochendem Wasser geben (Platte ausschalten) und allenfalls einen Löffel heisses Wasser zugeben. Droht die Schokolade fest zu werden, kann mit einigen Tropfen Pflanzenöl nachgeholfen werden.

Borkenschokolade oder Schokoladenspäne braucht man zum Dekorieren von Torten, Coupes usw. Flüssige Couverture kann dafür auf einem Blech in dünner Schicht aufgetragen werden. Nach dem Erkalten schiebt man die feine Schokoladeschicht sorgfältig mit einem Spachtel zusammen. Je fester die Schokolade ist, desto schmäler werden die Späne. Für Locken darf die Couverture noch nicht ganz erstarrt sein (biegen).

Truffes bestehen aus einer Mischung von Schokolade, Kakaobutter, Zucker und Rahmpulver.

Pralinés sind fein gebrochene karamelisierte Haselnüsse und Mandeln mit Milchschokolade vermischt. Das Verhältnis der Zutaten zueinander kann unterschiedlich sein. Diese beliebte Füllung wird, wie der Name schon verrät, in vielen Pralinen verwendet.

Gianduja ist eine Mischung von Nüssen und/oder Mandeln, Zucker sowie Milchschokolade und dunkler Schokolademasse.

Literatur- und Bildquellennachweis

«Chocologie – ein kleiner Führer durch die schweizerische Schokoladeindustrie», Chocosuisse, Verband Schweizerischer Schokoladefabrikanten, Bern.

«Kolonialware macht Weltgeschichte», Will Schaber, Humanitas Verlag, Zürich.

«Seltsame Frucht Kakao», Wolf Müller, Verlag Gordian – Max Rieck, Hamburg.

«Weltwirtschaftspflanzen», Peter Schütt, Verlag Paul Parey, Berlin/Hamburg.

«Xocolatl», Rolf Italiaander, Droste Verlag, Düsseldorf.

Die nachfolgenden Institutionen haben bei der Bildbeschaffung geholfen. Ihnen danken wir hiermit herzlich.

Chocosuisse, Verband Schweizerischer Schokoladefabrikanten, Bern.
Confiserie Brändli, Aarau.
Lindt & Sprüngli AG, Kilchberg.
Nestlé Produkte AG, Vevey.
Suchard & Tobler SA, Neuenburg.